高等院校互联网+新形态教材·经管系列(二维码版)

会计信息化(微课版)

陈立新　张　霞　主编

清华大学出版社
北　京

内 容 简 介

本教材是在国家信息化发展战略指引下编写的，内容简练，深入浅出，通俗易懂。为了便于读者对会计信息化知识的理解和巩固，每章的基础理论部分均配有学习目标、思考与练习、实验操作等板块，各实验板块均包括实验目的、实验内容、实验准备、实验要求、实验资料和实验步骤等。

本书既可以作为本科职业院校及应用型本科院校会计学、财务管理、信息管理等专业"会计信息化"课程的教材，也可作为社会机构进行会计信息化培训的教材，还可作为企事业单位领导、会计管理人员学习会计信息化知识的参考用书。

本书封面贴有清华大学出版社防伪标签，无标签者不得销售。
版权所有，侵权必究。举报: 010-62782989, beiqinquan@tup.tsinghua.edu.cn。

图书在版编目(CIP)数据

会计信息化: 微课版/陈立新，张霞主编．—北京: 清华大学出版社，2021.4
高等院校互联网+新形态教材. 经管系列: 二维码版
ISBN 978-7-302-57688-4

Ⅰ. ①会… Ⅱ. ①陈… ②张… Ⅲ. ①会计信息—财务管理系统—高等职业教育—教材 Ⅳ. ①F232

中国版本图书馆 CIP 数据核字(2021)第 045427 号

责任编辑: 陈冬梅
装帧设计: 李 坤
责任校对: 李玉茹
责任印制: 杨 艳

出版发行: 清华大学出版社
网　　址: http://www.tup.com.cn, http://www.wqbook.com
地　　址: 北京清华大学学研大厦 A 座　　邮　编: 100084
社 总 机: 010-62770175　　邮　购: 010-62786544
投稿与读者服务: 010-62776969, c-service@tup.tsinghua.edu.cn
质量反馈: 010-62772015, zhiliang@tup.tsinghua.edu.cn
课件下载: http://www.tup.com.cn, 010-62791865

印 装 者: 北京嘉实印刷有限公司
经　　销: 全国新华书店
开　　本: 185mm×260mm　　印　张: 15.25　　字　数: 370 千字
版　　次: 2021 年 4 月第 1 版　　印　次: 2021 年 4 月第 1 次印刷
定　　价: 48.00 元

产品编号: 088370-01

前　言

随着大数据、智能化、移动互联网、云计算等现代信息技术的发展，在会计行业中实现会计信息化已经成为一种必然趋势。"会计信息化"作为会计学、财务管理和信息管理等专业的核心课程，是一门以实践操作为主的课程，在本科职业院校会计专业教学中扮演着重要的角色。为了满足本科职业院校会计信息化教学的需求，清华大学出版社组织高等院校本专业骨干教师编写了本书。

全书共十一章。其中，第一章为会计信息化概论，第二章至第十一章在介绍会计信息化理论知识的基础上，配有单项实验操作以及思考与练习题，并附有财务业务一体化综合实验。教材内容涵盖系统管理、总账管理、UFO 报表管理、薪资管理、固定资产管理、应收款管理、应付款管理、采购管理、销售管理、库存管理和存货核算十一个子系统。

本书的主要特色如下。

1. 内容新颖

本书紧密结合我国会计信息化发展的前沿动态，以"新企业会计准则"为依据，以工业企业为背景，以适合教学应用的用友 U8 v10.1 系统为教学平台，将最新的会计知识与财务软件教学相结合，能够使学生较快地掌握财务软件的基本理论和操作技能，并提高会计综合业务处理能力。

2. 结构完整

本书系统、完整地介绍了有关会计信息化的基本理论知识以及各子系统的应用，全书力求理论通俗易懂、简明扼要。单项实验部分以一个企业的实际业务活动贯穿始终，岗位明确，导向性强；综合实验部分通过财务核算、业务核算、财务与业务集成三个实验强化学生对会计信息系统的整体把握，锻炼并提升学生的会计信息化职业能力，体现了由浅入深、循序渐进、逐步提高的设计思想。

3. 突出实践

本书在编写过程中，各章在理论知识的基础上都融入了相应的实验。在介绍会计信息化理论知识的同时，结合具体的实验进行实践教学，将理论与实践相结合，可以使学生明确各系统的业务处理流程，并培养学生独立实践的能力。

本书提供了立体化教学资源，主要包括 PPT 教学电子课件和实验账套，还可通过扫描书中的二维码观看微课视频，便于教师教学和学生自学。

本书由山西工程科技职业大学陈立新、张霞任主编。具体编写分工如下：肖芬编写第一章、第二章，陈立新编写第三章、第八章，张霞编写第四章、第九章，牛丽云编写第五章、第六章，杨扬编写第七章、第十章，弓亦静编写第十一章，高建英编写附录。

由于编者水平有限，书中不妥之处，恳请读者批评、指正。

编　者

目录

第一章　会计信息化概论 ... 1

第一节　会计信息化的概念 ... 1
一、数据和信息 ... 1
二、会计数据和会计信息 ... 2
三、信息系统和会计信息系统 ... 2
四、会计信息化 ... 3

第二节　会计信息化的发展 ... 5
一、国外会计信息化的发展 ... 6
二、我国会计信息化的发展 ... 7

第三节　会计信息化的发展趋势 ... 8
一、云会计的定位和发展 ... 9
二、大数据技术的使用 ... 9
三、人工智能技术的融合 ... 10
四、区块链技术驱动下的会计创新 ... 10
五、"大智移云"背景下财务共享服务 ... 10

思考与练习 ... 11

第二章　系统管理和企业应用平台 ... 12

第一节　系统管理 ... 12
一、系统管理的工作流程 ... 12
二、系统管理的操作 ... 13

第二节　企业应用平台 ... 15
一、系统启用 ... 15
二、基础设置 ... 16

实验一　系统管理和基础设置 ... 16
实验目的 ... 16
实验内容 ... 17
实验准备 ... 17
实验要求 ... 17
实验资料 ... 17
实验步骤 ... 20
思考与练习 ... 25

第三章　总账管理系统的应用 ... 26

第一节　总账管理系统概述 ... 26
一、总账管理系统的应用方案 ... 26
二、总账管理系统的工作流程 ... 27

第二节　总账管理系统初始设置 ... 28
一、设置系统参数 ... 28
二、定义外币及汇率 ... 29
三、建立会计科目 ... 29
四、设置凭证类别 ... 31
五、定义结算方式 ... 31
六、设置项目目录 ... 32
七、录入期初余额 ... 32

第三节　总账管理系统日常处理 ... 33
一、填制凭证 ... 33
二、审核凭证 ... 35
三、记账 ... 36
四、凭证的修改与查询 ... 36
五、删除凭证 ... 37
六、输出账簿 ... 37

第四节　总账管理系统期末处理 ... 37
一、银行对账 ... 37
二、自动转账 ... 39
三、期末结账 ... 41

实验二　总账管理系统初始设置 ... 41
实验目的 ... 41
实验内容 ... 41
实验准备 ... 41
实验要求 ... 42
实验资料 ... 42

　　　　实验步骤 45

　　实验三　总账管理系统日常处理 51

　　　　实验目的 51

　　　　实验内容 51

　　　　实验准备 52

　　　　实验要求 52

　　　　实验资料 52

　　　　实验步骤 53

　　实验四　总账管理系统期末处理 63

　　　　实验目的 63

　　　　实验内容 63

　　　　实验准备 63

　　　　实验要求 63

　　　　实验资料 63

　　　　实验步骤 64

　　思考与练习 69

第四章　报表管理系统的应用 70

　　第一节　报表管理系统概述 70

　　　　一、报表管理系统的种类 70

　　　　二、报表管理系统的工作流程 70

　　　　三、基本概念 72

　　第二节　报表管理系统初始设置 74

　　　　一、新建报表 74

　　　　二、自定义报表 74

　　　　三、利用报表模板 77

　　第三节　报表管理系统日常处理 77

　　　　一、报表编制 77

　　　　二、报表审核及舍位操作 78

　　　　三、报表输出 78

　　实验五　UFO报表管理 79

　　　　实验目的 79

　　　　实验内容 79

　　　　实验准备 79

　　　　实验要求 79

　　　　实验资料 79

　　　　实验步骤 80

　　思考与练习 86

第五章　薪资管理系统的应用 87

　　第一节　薪资管理系统概述 87

　　　　一、薪资管理系统的应用方案 87

　　　　二、薪资管理系统的工作流程 87

　　第二节　薪资管理系统初始设置 89

　　　　一、建立工资账套 89

　　　　二、基础信息设置 89

　　　　三、建立工资类别 90

　　　　四、对工资类别进行初始设置 90

　　第三节　薪资管理系统日常处理 91

　　　　一、工资数据录入 91

　　　　二、银行代发 92

　　　　三、工资费用分摊 92

　　　　四、工资账表和凭证查询 92

　　第四节　薪资管理系统期末处理 93

　　　　一、月末结转 93

　　　　二、年末结转 93

　　实验六　薪资管理 93

　　　　实验目的 93

　　　　实验内容 93

　　　　实验准备 94

　　　　实验要求 94

　　　　实验资料 94

　　　　实验步骤 96

　　思考与练习 105

第六章　固定资产管理系统的应用 ... 106

　　第一节　固定资产管理系统概述 106

　　　　一、固定资产管理系统的
　　　　　　应用方案 106

　　　　二、固定资产管理系统的
　　　　　　工作流程 106

　　第二节　固定资产管理系统初始设置 ... 107

　　　　一、固定资产账套初始化 108

　　　　二、基础信息设置 108

三、原始固定资产卡片录入 108
第三节　固定资产管理系统日常处理 109
　　一、资产增减 109
　　二、资产变动 109
　　三、资产评估 109
　　四、账表查询 110
第四节　固定资产管理系统期末处理 110
　　一、折旧处理 110
　　二、批量制单 110
　　三、对账与结账 111
实验七　固定资产管理 111
　　实验目的 111
　　实验内容 111
　　实验准备 111
　　实验要求 112
　　实验资料 112
　　实验步骤 114
思考与练习 121

第七章　供应链管理系统的应用 122

第一节　供应链管理系统概述 122
　　一、供应链管理系统的应用方案 122
　　二、供应链管理系统业务处理
　　　　流程 122
第二节　供应链管理系统初始设置 123
　　一、供应链管理系统初始设置
　　　　概述 123
　　二、供应链管理系统建账 125
　　三、基础信息设置 125
　　四、业务科目设置 127
　　五、供应链管理系统期初数据的
　　　　录入 127
实验八　供应链管理系统初始设置 128
　　实验目的 128
　　实验内容 128
　　实验准备 129
　　实验要求 129

　　实验资料 129
　　实验步骤 134
思考与练习 141

第八章　采购管理系统的应用 142

第一节　采购管理系统概述 142
　　一、采购管理系统的工作流程 142
　　二、采购业务的基本内容 143
第二节　采购业务 144
　　一、采购入库业务 144
　　二、采购退货业务 147
　　三、受托代销业务 148
第三节　月末结账和采购账表 148
　　一、月末结账 149
　　二、取消结账 149
　　三、采购账表 149
实验九　采购管理 149
　　实验目的 149
　　实验内容 149
　　实验准备 149
　　实验要求 149
　　实验资料 149
　　实验步骤 150
思考与练习 164

第九章　销售管理系统的应用 165

第一节　销售管理系统概述 165
　　一、销售管理系统的工作流程 165
　　二、销售业务的基本内容 166
第二节　销售业务 167
　　一、普通销售业务 167
　　二、销售退货业务 170
　　三、委托代销业务 171
第三节　月末结账和销售账表 173
　　一、月末结账 173
　　二、取消结账 173
　　三、销售账表 173

实验十 销售管理 173
    实验目的 173
    实验内容 173
    实验准备 173
    实验要求 173
    实验资料 174
    实验步骤 174
  思考与练习 184

第十章 库存管理系统的应用 185

  第一节 库存管理系统概述 185
    一、库存管理系统的工作流程 185
    二、库存业务的主要内容 186
  第二节 库存业务 186
    一、入库业务 186
    二、出库业务 186
    三、其他业务 187
  第三节 月末处理和库存账表 187
    一、对账 187
    二、月末结账 188
    三、库存账表 188
  实验十一 库存管理 188
    实验目的 188
    实验内容 188
    实验准备 188
    实验要求 188
    实验资料 188
    实验步骤 189

  思考与练习 194

第十一章 存货核算系统的应用 195

  第一节 存货核算系统概述 195
    一、存货核算系统的工作流程 195
    二、存货核算系统的应用模式 196
  第二节 业务处理 197
    一、单据记账 197
    二、调整业务 197
    三、暂估处理 197
    四、制单处理 198
  第三节 月末处理和核算账表 198
    一、期末处理 198
    二、月末结账 198
    三、对账 199
    四、核算账表 199
  实验十二 存货核算 199
    实验目的 199
    实验内容 199
    实验准备 199
    实验要求 199
    实验资料 199
    实验步骤 200
  思考与练习 201

附录 财务业务一体化综合实验 202

参考文献 234

第一章　会计信息化概论

【学习目标】
- 熟悉数据、信息及会计信息系统的概念
- 掌握会计信息化的概念、特征
- 了解国内外会计信息化的发展历程及未来的发展趋势

第一节　会计信息化的概念

会计信息化是随着经济与科学技术的发展而逐步发展起来的,从最初的会计电算化简单应用,逐步深入到业务的各个领域,并在经济中发挥着越来越重要的作用。会计信息化能帮助企业快速获取各种数据信息,以应对日益激烈变化的市场。了解会计信息化的基本概念及特点,更有利于会计信息化实务操作。

一、数据和信息

(一)数据

数据是对客观事物属性的描述,是反映客观事物性质、形态、结构和特征的符号。用于记录数据的符号有数字、文字、字符、图形等多种形式,因此数据一般包括数字数据和非数字数据。

(二)信息

信息是对客观世界中各种事物特征和变化的反映,是数据加工的结果。对信息使用者来说,信息是一种经过加工处理后才有用的数据。信息可以用数字、符号、文字、图表、声音和影像等形式来表示。

(三)数据与信息的关系

数据是对客观事实的记载,信息则是数据加工的结果。信息必然是数据,但数据未必是信息，经过加工后有用的数据才是信息，而加工后没有被采用的数据仍然是数据。

二、会计数据和会计信息

(一)会计数据

会计数据是指经济活动中产生的数据，是对经济活动属性(包括财务状况、经营状况等)的描述。在会计工作中，利用各种技术手段，从不同来源、渠道取得的各种原始资料、原始凭证和记账凭证等都属于会计数据。

(二)会计信息

会计信息是指经过加工处理后能对会计业务及管理活动起辅助决策作用的数据。会计信息表现为在会计核算和会计分析中形成的各种凭证、账簿和报表等数据。

会计信息主要可分为财务信息、管理信息和决策信息三类。财务信息是反映已经过去的业务活动的信息，如资产负债表、利润表、账簿等；管理信息是经营管理所需要的特定信息，如预算与决算、本期与历史记录相比较产生的分析报告等；决策信息是对未来具有预测性和指导性的信息，如年度计划、单项预算、综合预算等。只有将会计数据经过加工处理生成会计信息后才能满足管理的需要，为管理者所用。

三、信息系统和会计信息系统

(一)信息系统

系统是由一系列彼此相关、相互联系的若干部分为实现某种特定目标而建立起来的一个整体。相互联系的若干部分可称为系统的子系统，它们是系统内能完成某种功能的单元。例如，计算机系统由硬件和软件两个子系统构成；而对一个企业而言，若把整个企业看作一个经营系统，则企业中的各职能部门可视为这一系统的子系统。

系统内部同时存在着物资流和信息流。例如，某公司为完成一项生产经营任务，要组织一定的人力，并配备相应的资金、设备、材料等物资条件。在公司的供、产、销经营活动中，这些物资因素各自按照本身特有的规律运行，并且各种物质因素相互联系、不断运动，从而形成一个物资流。与此同时，反映这些客观事物的数量、质量、速度、形态、结构、特征等方面的信息，也按照一定的规律运动，形成一个信息流。在一个系统中，物资流是活动的主体，物资流的数量、质量等特征可以通过信息流反映出来，相关者可以通过信息流了解并掌握物资流的运行状态，实现对物资流的控制，保证物资流的畅通。

信息系统由一组完成信息收集、处理、存储和传输的相互关联的要素所组成，是用来在组织中支持事务处理、分析、控制与决策的系统，即将输入数据经加工处理后输出有用信息的系统。信息系统具有收集信息、信息处理、信息存储、信息传递及信息输出等功能。

(二)会计信息系统

会计信息系统是组织处理会计业务，为各级管理人员提供会计信息和辅助决策，有效地组织和运用会计信息，改善经营管理，提高经济效益所形成的会计活动的有机整体。

会计的各项活动都体现为对信息的某种运用，例如，取得原始凭证是信息的获取，原始凭证的审核是信息特征的提取和确认，设置会计科目是对信息的分类，填制记账凭证和登记账簿是信息的传递和存储，成本计算是对成本信息的进一步变换和处理，会计管理与决策是对会计信息的进一步应用。

会计工作过程是一个有秩序的信息输入、处理、存储和信息输出的全过程。这一过程可分为若干部分，每一部分都有各自的任务，所有部分互相联系、互相配合，服从于一个统一的目标，形成一个会计活动的有机整体，这个有机整体就构成了会计信息系统。

会计信息系统的主要目标是向企业内部和外部的管理者提供他们所需要的会计信息以及对会计信息利用有重要影响的非会计信息，以便不断地提高经济效益。

会计信息系统是企业信息系统中的一个重要子系统。会计信息系统可以分解为若干子系统。会计信息系统按管理职能可分为三个子系统，即核算子系统、管理子系统和决策子系统。这三部分既分别自成系统，又互相联系、缺一不可。其中，会计核算子系统主要进行会计的事后核算，它可以记录、反映经济业务的发生及其结果，以便反映企业的经营活动绩效，监督企业的经营活动；管理子系统用于会计工作中的事中控制，主要是对购、销、存等环节发生的业务进行追踪管理；决策子系统用于事中控制和事前决策，主要是对会计核算产生的数据加以分析，从而进行相应的财务预测、管理和控制活动，它侧重于财务计划、控制、分析和预测。

四、会计信息化

(一)会计信息化的概念

会计信息化的概念是在会计电算化基础上发展而来的，会计电算化主要是把以电子计算机为主要载体的电子信息技术应用到会计学科中的简称。财政部颁布的一系列会计电算化制度规定，使会计电算化向法制化、通用化和标准化的方向有了进一步的发展。现代社会电子信息技术飞速发展，随之而来的是对会计信息需求的日益增长，在实际工作中需要不断对会计电算化的功能进行扩充和丰富，会计电算化概念已经不能够满足会计工作中的信息技术高度应用的需求，所以会计信息化的概念应运而生。

会计信息化概念是传统会计学科理论与现代信息技术的融合，通过现代信息技术在会计工作中的应用，可以促进会计信息系统的实时动态更新，并自动完成会计信息的加工处理工作，实现会计核算工作与业务处理的高度集成化。借助网络技术可以使企业经营管理的信息资源得到有效共享，为企业的经营决策提供有力支持，有助于企业经营者科学决策。此外，可以方便会计信息的使用者全面及时地了解企业的经营现状，会计信息化的便捷性是经济社会高效运转的保障。

(二)会计信息化的特征

通过会计信息化的概念可知，会计信息化是传统会计和现代信息技术相结合的产物。目前，我国的会计信息化处于一种逐渐完善、不断发展的状态。在此过程中，会计信息化具有下述几个特点。

1. 普遍性

会计信息化是现代信息技术在会计所有领域的全面运用。我国的会计信息化建设虽然起步较晚，但是在会计工作、会计管理和会计教育这些方面的发展较快，并且成效显著，只是目前还没有真正达到会计信息化的层次。与之形成鲜明对比的是，我国在会计理论方面的信息化发展比较滞后。目前，我国的会计信息化仍旧依赖传统的会计理论，并没有构建出完善的适应现代信息技术的理论体系，也没有对传统的理论体系进行修正。会计信息化普遍性的特征，要求会计业务在各个领域必须全面应用现代信息技术，以形成完善的应用体系。

2. 动态性

会计信息化的发展具有动态性的特点，这一特点主要表现在以下两个方面。第一，信息化过程中会计数据的采集是动态的，这些数据不论是局域的还是广域的，也不论其来自企业外部还是企业内部，一旦发生，这些数据都要及时地存入企业会计信息系统的服务器中并传送到系统中等待处理。第二，会计信息系统可对存入的数据实时进行处理。会计数据在进入会计信息系统后会触发系统内相应的数据处理模块，对数据进行分类、汇总、分析，使这些数据信息可以动态地反映企业当前的经营状况和财务状况。

3. 集成性

集成性是指企业会计信息系统通过融合集成企业会计体系内的子系统和企业管理系统内的其他相关子系统，以达到信息统一管理和数据有效交换的目的。在传统会计工作中，为了使财务数据能够全面地反映企业的经营状况，往往需要大量的财会人员进行合理的分工协作才能实现。但是在会计信息系统中，企业可以通过财务软件集成处理企业的采购、生产、销售等流程，极大地减轻财务人员的工作量，并有效地避免传统会计方式下会计数据的重复录入。

4. 渐进性

会计信息化的渐进性表现在不管是国家的会计信息化建设还是企业构建自身的会计信息系统，都是一个循序渐进的过程，需要逐步开展。这个过程主要可分为三个步骤：第一步，用现代信息技术去适应传统的会计模式，这一阶段表现为会计核算的现代化，即日常的会计数据录入核算等工作通过计算机软件去处理，构建企业核算型会计信息系统。第二步，实现传统会计与现代信息技术的相互融合，表现为扩展企业信息技术的使用范围，从核算层面扩展到管理层面，建立简单的企业会计核算管理领域。第三步，实现现代信息技术对传统会计模式的重构，表现为通过现代信息技术全面实现会计核算、管理和决策支持等的信息化，最终形成现代化的会计信息系统。

(三)会计信息化与会计电算化

会计电算化是会计信息化的初级阶段。会计电算化和会计信息化两者因为思想构架和产生时代的不同，其内涵也大相径庭，但是我们不能否认的是二者之间有着密切的联系。在工业社会时期，会计的日常业务量逐渐增多，人工为主的处理方式逐渐落后，为了提高工作效率，加强对财务工作的管理，企业开始采用计算机进行会计业务的处理，这样会计工作就进入电算化阶段，而在全面实现电算化以后，我们也进入到信息社会，要求企业对会计业务进行系统化和信息化的管理，这就诞生了会计信息化系统。由此看来，会计电算化是会计信息化的初级阶段,会计信息化是会计电算化在发展过程中结合信息技术而产生的,是时代转换的结果。然而,会计信息化与会计电算化又有着很大的区别,主要体现在以下几方面。

1. 历史背景不同

会计电算化产生于工业社会,随着工业化程度的提高,会计业务的处理量日渐增大,会计工作的处理方法日渐落后。为了适应企业的发展,必须加强信息处理力度,采用电子计算机对会计业务进行处理。会计信息化则产生于信息社会。

在信息社会中,有一个公式:企业的财富=经营+信息。由此可见信息之重要性。信息社会要求社会信息化。企业是社会的细胞,社会信息化必然要求企业信息化,企业信息化必然导致会计信息化。

2. 目标任务不同

现行的会计电算化系统是基于手工会计系统发展而来的,其业务流程与手工操作方法基本一致,主要是为了减轻手工操作系统的重复性劳动,提高效率;而会计信息化系统是从管理者的角度进行设计的,能实现会计业务的信息化管理,充分发挥会计工作在企业管理和决策中的核心作用。

3. 技术手段不同

现行的会计电算化系统由于开始设立时的环境束缚,主要是针对单功能的计算机设立的,后来的会计电算化软件也是在此基础上的发展和改善;而会计信息化系统是在网络环境下进行设计的,其实现的主要手段是计算机网络及现代通信等新的信息技术。

4. 功能范围和会计程序不同

会计电算化是对手工会计系统的改进,是在手工的基础上产生的,故其会计程序模仿手工会计程序而设计,也是以记账凭证为开始,最后实现用计算机对经济业务进行记账、转账和提供报表等功能;而会计信息化是适应时代的要求,根据现代信息的及时性、准确性、实时性的特点而产生的,是从管理的角度进行设计,具有业务核算、会计信息管理和决策分析等功能,其会计程序是根据会计目标,按照信息管理原理和信息技术重整会计流程。

5. 信息输入/输出的对象不同

会计电算化系统主要是为财务部门设立的,设计时只考虑了财务部门的需要,由财务部门输入会计信息,输出时也只能由财务部门打印后报送其他机构;而会计信息化系统是企业业务处理及管理信息系统的组成部分,其大量数据可以从企业内外其他系统直接获取,输出也是依靠网络由企业内外的各机构、部门根据授权直接在系统中输出。

第二节 会计信息化的发展

管理水平的提高和科学技术的进步对会计数据处理技术提出了更高的要求,使会计信息化经历了由简单到复杂、由落后到先进、由手工到机械、由机械到计算机化的发展过程。

一、国外会计信息化的发展

1946 年电子计算机在美国诞生，直到 1954 年 10 月美国通用电气公司首次利用计算机计算职工薪金，才标志着电子计算机真正应用到会计领域，促进了会计处理技术的真正变革，最初的处理内容仅限于工资计算、库存材料的收发核算等一些数据处理量大、计算简单而重复次数多的经济业务。它以模拟手工会计核算形式代替了部分手工劳动，提高了这些劳动强度较高的工作的效率。

20 世纪 50 年代中期到 60 年代，人们开始逐渐利用电子计算机对会计数据进行综合处理，系统地提供经济分析、决策所需要的会计信息，手工簿记系统被电子信息系统取而代之。这个时期会计信息化的特点是电子计算机几乎可以处理手工簿记系统的全部业务，打破了手工方式下的一些常规结构，更重视数据的综合加工处理，并加强了内部管理。这一时期所开发的系统具有一定的反馈功能，能为基层和中层管理者提供管理信息，但各种功能之间还未实现共享。

20 世纪 70 年代，计算机技术迅猛发展，计算机网络的出现和数据库管理系统的应用，催生了电子计算机的管理信息系统。企业在管理中开始全面应用电子计算机，各个功能系统可以共享储存在计算机上的、反映整个企业生产经营成果的数据库。会计信息系统成为管理信息系统的一部分，企业的最高决策也开始借助计算机系统提供的信息，这就极大地提高了工作效率和管理水平。

20 世纪 80 年代，微电子技术蓬勃发展，微型计算机大批涌现，进入了包括家庭在内的社会各个领域。信息革命逐渐成为新技术革命的主要标志和核心内容，人类进入了信息社会。微型电子计算机不仅受到大、中型企业的欢迎，也受到了小型企业的青睐。它促使各部门把小型机、微型机的通信线路相互联结起来，形成计算机网络，提高了计算和数据处理的能力，取代了大型电子计算机。国际会计师联合会 1987 年 10 月在日本东京召开的以计算机在会计中的应用为中心议题的"第 13 届世界会计师大会"，成为计算机会计信息系统广泛普及的重要标志。

20 世纪 90 年代，随着计算机技术的飞速发展，计算机会计信息系统在国际上也呈现出广泛普及之势。美国在这一领域已步入较高的发展阶段，始终处于国际领先水平。美国会计软件的应用也非常普及。据有关资料显示，美国有几百种商品化会计软件在市场上流通。会计软件产业已成为美国计算机软件产业的一个重要分支。

从会计信息化开发技术与运行平台来看，20 世纪 90 年代中期推出的商品化会计软件与早期的会计软件相比上了一个台阶，这是计算机信息处理技术飞速发展的结果。这一时期的商品化会计软件主要使用 Windows 环境下的开发工具，并在 Windows 操作系统上运行。这些开发工具大大缩短了软件开发周期，增强了软件运行的稳定性。与此同时，图形化界面使软件功能更直观和易于操作。部分软件使用了服务器数据库，如 Sybase、Oracle、Informix、SQL Server、DB2 和 Access 等，提高了数据的安全性。

20 世纪 90 年代中期的商品化会计信息系统基本上都具有网络功能，网络结构体系主要有 F/S(文件/服务器)和 C/S(客户/服务器)两种。网络操作系统除了 NetWare 之外，还有

Windows NT 和 UNIX 等。

二、我国会计信息化的发展

经济体制改革的深入推进和信息技术的迅猛发展在制度与技术层面为我国会计信息化提供了成长的沃土，推动其实现了从"缓慢探索"到"全面推进"的伟大跨越。纵观我国会计信息化的发展历程，主要可以划分为以下四个阶段。

(一)第一阶段(1979—1988年)：缓慢探索，渐入正轨

改革开放之初，我国开始尝试推行会计电算化。1979年，财政部和第一机械工业部为中国第一家会计电算化试点单位——长春第一汽车制造厂提供了560万元财政支持，长春第一汽车制造厂借此从前东德进口一台EC-1040计算机以实行电算化会计。彼时，计算机只作为工资会计的辅助工具。1981年，长春第一汽车制造厂和中国人民大学联合主办"财务、会计和成本应用计算机学术研讨会"，会议中将计算机技术在会计工作中的应用正式命名为"会计电算化"，这是我国首次确立"会计电算化"的概念。1982年，国务院主导成立计算机和集成电路领导小组，重点推广计算机在全国的应用，北京、上海、广州等发达地区的公司先后开展试点工作。自1984年以来，中国人民大学组织研究生先后为北京、石家庄的部分企业开发会计应用软件，帮助企业提高账务处理、报表编制、会计核算等工作的效率。

1987年，财政部颁布《关于国营企业推广应用电子计算机工作中若干财务问题的规定》，从提倡发展基金和严格管理成本支出两方面促进会计电算化的发展。1988年6月，由财政部财政科学研究所主办的全国首届会计电算化学术研讨会在河北承德召开，会议提出了会计电算化应加强通用化、商业化，为会计电算化的发展指明了方向。同年8月，中国会计学会举办学术研讨会，对会计软件的实际运用提出了合理化建议。在起步之初，各界人士都在积极探索会计软件的商业化发展道路，为会计电算化的快速发展做好了理论、制度和人员上的准备。

在会计电算化应用起步的同时，会计电算化教育和科研工作也取得了一定进展。1984年，财政部财政科学研究所首次招收会计电算化研究生，中国会计电算化高等教育迈出新步伐。1987年11月，中国会计学会正式成立会计电算化研究小组，其理论研究引起业内人士的广泛关注，中国会计电算化高等教育在缓慢摸索中渐入正轨。

(二)第二阶段(1989—1998年)：重点关注，快速发展

1989年，为交流会计电算化的管理工作经验，促进会计电算化的进一步升级，财政部召开了会计电算化管理专题讨论会，讨论并修订了《关于会计核算软件管理的几项规定(试行)》。该规定明确了政府会计电算化的重要性，决定在各级财政部门推行会计电算化的试点工作，会计电算化逐渐代替传统手工记账方式。自此，会计电算化开启了实践应用的新纪元。

随着国内会计电算化的推行，我国会计软件市场日益扩大。众多国际大型会计软件开发公司纷纷进驻我国进行市场开发与拓展。一些本土会计软件开发公司如用友、金算盘、金蝶等纷纷成立，促进了会计软件在我国企业核算中的应用与推广，进而推动了我国会计

电算化的发展。财政部颁布的《会计电算化知识培训管理办法(试行)》则进一步促进了会计电算化社会教育的发展。截至 1998 年年底，我国约有两万名会计人员接受过正规会计电算化的培训，为财务软件的实践应用提供了重要的人员支撑。在社会教育取得一定成效的同时，高等教育也取得重大突破。1996 年，财政部财政科学研究所成立第一个会计电算化博士点，此后多家高校先后开始招收会计电算化博士研究生，会计电算化正式成为会计学科研究的重要方向。

(三)第三阶段(1999—2008 年)：厚积薄发，稳步提高

1999 年，会计软件市场管理暨会计信息化研讨会召开，大会探讨了会计软件的市场情况，交流了企业会计电算化的管理经验，并明确指出会计信息化将成为 21 世纪会计电算化的发展方向。在此之后，我国一系列软件开发企业的问世以及会计软件的发展也印证了这一预想。

2003 年，上交所和深交所陆续开展 XBRL 应用试点，XBRL 研究逐步成为社会热点。2006 年，中国 XBRL 研讨会在北京召开，明确 XBRL 研究在今后一段时期将作为主要研究方向，为会计信息化提供统一标准。2008 年，我国会计信息化委员会暨 XBRL 中国地区组织成立大会在北京召开，中央各部门共同发力，从制度、准则和人才储备方面为会计信息化标准体系的建立提供了支持与保障。

2004 年，中国会计学会成功举办第三届会计信息化年会暨杨纪琬教授创建会计电算化高等教育二十周年纪念大会。大会研究了如何完善会计信息化教学体系，并讨论了开展会计信息化实践应用的具体路径。2005 年，财政部先后颁布《会计从业资格管理办法》《初级会计电算化考试大纲》，明确了会计信息化的地位和从业人员所需达到的具体标准。

(四)第四阶段(2009 年至今)：与时俱进，全面推进

2009 年，财政部颁布《关于全面推进我国会计信息化工作的指导意见》，从意义、主要任务和措施要求三个方面阐述了全面推进会计信息化工作的具体内容。会计信息化的施行是以计算机软件的良好应用为基础的，因此在实践中，会计人员不仅需要精通会计专业知识，具备会计专业胜任能力，同时也需熟练掌握会计软件系统，以此来保障会计信息化工作的顺利开展，更好地发挥信息化工作的优越性。当前，会计工作与计算机系统间的联系更为紧密，各行业各领域都将会计软件作为处理会计工作的主要工具，会计软件的应用领域日益宽广。

科学技术的发展将人类带入大智移云时代。会计信息化建设逐渐从局域网进行管理的财务会计软件，向互联网综合利用阶段进发。但是现阶段的会计信息化更多地体现为日常会计核算和财务报表编制等基本会计工作，缺少对大智移云的有效利用及政企之间、企业之间的信息交互。2017 年，德勤会计师事务所推出财务机器人，提供了财务自动化流程解决方案，这标志着会计工作正式由"信息化"向"智能化"转变。

第三节 会计信息化的发展趋势

40 年的发展为我国会计信息化奠定了良好的基础，也为后续的快速持续发展提供了机

遇。随着新政策的持续推出、新技术的不断涌现、人才体系的逐步健全以及财务流程的纵深融合、财务边界的不断扩大、管理决策需求的快速增长，我国会计信息化事业将在未来得到持续的推进。

一、云会计的定位和发展

云会计是建立在云计算的基础上，以互联网为引子，云计算为基础，渐渐形成的成熟的会计信息系统。云会计通过软件、平台、基础设施可为消费者提供完善细致的服务。如今我们正处于大数据时代，云会计这个共享的会计信息"云端"可以作为一个公共的大数据库，取得软件使用权的企业通过互联网就可以实时共享会计信息。除此之外，云会计由于"云端"更加适应现代的社会经济的发展方向和趋势，"云会计"在线信息系统可以获取企业所有的会计数据，并对其进行有效处理，为企业管理层提供了一定的决策根据，决策相关性相对来说比较高。云会计具有以下各种特征。

(1) 成本相对来说比较低，无须使用专业的机器，使用的企业无须负担机器的保养维修费用，使企业的运营成本大大减低。

(2) 灵活程度高，相对自由，可根据企业各种使用情况进行调节。

(3) 云会计里面储存使用的数据，其安全程度相对较高，有专门的防火墙，还有专业人员进行定期的管理与检查，使用风险大大减低。

(4) 不拘泥于时间、空间的限制。由于现代科学技术发展迅速，在手机上、电脑端皆可使用，更加自由方便，使企业在操作性上有了大大的提高和改善。

目前，云计算技术除了在 IBM、谷歌、微软等大型企业发挥其强大的功能之外，在其他与我们的生活密切相关的行业都可见云计算技术的身影，比如说教育、交通、医疗卫生行业等。随着信息化的发展，云会计信息系统也将随之广泛地应用于各个行业。

二、大数据技术的使用

当前，基于大数据平台，企业可以通过利用大数据的信息分析和数据处理功能，提高各种会计实务数据的分析程度，并以此来判断企业自身的经营状况，进而为调整经营计划提供数据参考。大数据环境与企业的有效结合，是通过在企业内部构建大数据平台的具体方法，充分发挥其所具有的强大数据处理功能，针对企业经营过程中产生的各种会计实务往来做好会计核算、处理会计资料、提高会计数据整合程度，从而提高企业自身会计管理的有效性。在这种大数据环境下，企业会计大数据平台的构建，恰恰也是企业会计理论与实务创新的重要场地和基础，是展开创新研究的基石。企业会计人员只有不断提高其使用大数据平台的能力，才能实现企业会计信息化和会计工作职能的转变，创新大数据平台查询、筛选、制作会计报表的功能。通过将大数据处理平台和企业会计信息化系统相结合的方式，可以实现会计信息向大数据处理平台自动上传，并将处理结果自动下载到会计信息系统当中，成为更加精细化管理系统的数据处理来源，为全面分析企业实务数据、为企业发展经营提供借鉴。

三、人工智能技术的融合

人工智能是 AI 的简称，是近几年不断发展的新技术科学，主要以模拟、延伸和扩展人类的基本智能为主。通过研究人类的智能活动，完成需要人类智慧才能够完成的工作。目前，人工智能技术已经逐步运用到会计行业中，随着人工智能技术的不断发展，未来将由机器人从事很多会计岗位的基础性工作。在华尔街，有许多公司员工因全自动化软件取代分析师而导致失业。据预测，至 2025 年，美国将有 1/4 的工作岗位会被人工智能所取代；至 2036 年，在英国，人工智能将取代 1/3 左右的就业岗位。因为会计基础工作岗位简单，完全能够由机器人替代，因此将来最有可能被人工智能所取代的职业就是会计工作。人工智能会计时代的来临是科学技术发展的必然产物，是社会变革与发展的需要，但并非是会计职业与行业的终结。未来智能会计发展前景可观，智能机器人不断扩展其覆盖面及应用范围。随着 IT 等新技术的不断发展，将来的人工智能会计在各个方面会越来越完善，其覆盖的领域将越来越广，如会计核算与会计监督、财务数据处理与数据分析、企业经营管理与经营决策等。各类企业应加快改革发展的步伐，促进企业的会计工作向人工智能方向发展。同时，作为会计工作人员，要积极面对新技术的发展，面对人工智能带来的机遇与挑战，认真分析人工智能技术，不断改变思维与观念，从自身知识与技能的角度认识问题，及时转变传统观念，更好地发挥人工智能在会计行业中的优势，并有效抵御其带来的冲击。

四、区块链技术驱动下的会计创新

区块链起源于中本聪的比特币，作为比特币的底层技术，区块链是一个去中心化的分布式账本数据库，其所具备的去中心化、分布式、防篡改、智能合约四大核心功能天然地与会计工作息息相关。区块链是会计信息处理的一次革命，改变了账务处理、外部监管的传统理念和方式。传统的会计信息系统采用的是中心化模式，即按行政管理层级逐级划分权限，自上而下通过不同层级的授权来组成集中授权式的会计信息系统，分布式记账技术不存在中心化管理，将相关数据直接放在一个去中心化的数据库中，以往"线性"的数据结构将会朝"区块"加"链"的方向发展，不按权限设置岗位，只需按区块划分节点即可，不存在总账、分账、汇总报表等传统中心化账本的业务模式。每个节点都拥有全部的账本信息，财务报表的构建者及使用者均可精准地查询到自己需要的数据信息。此外，链状序列数据存储实现了在时间轴上对历史数据的连续追溯和向未来的无限延伸。区块链技术的时间戳、共识机制、加密存储等功能，一旦区块数据被改动，区块链可以进行追溯查询，从而有效地避免了篡改、删除、虚构交易等舞弊行为的发生，更好地保障交易信息的真实性、可靠性。但随着区块链技术在会计信息化领域应用的逐步深入，诸如技术漏洞、法律风险等应用缺陷越加凸显，为此，企业要理性看到区块链技术这把"双刃剑"，强化技术评估与风险防控，不断强化研究，逐步优化区块链技术在企业财会活动中的应用。

五、"大智移云"背景下财务共享服务

财务共享是将不同业务单元中具有相同属性和高度重复性的财务业务进行业务流程的

重新设计和标准化，通过开展数据式共享，将这些业务集中到财务共享服务中心进行集中处理，从而可以使企业的管理工作更加标准，提升企业的服务质量并降低企业的运营成本。在"大智移云"时代的背景下，信息技术的急速更新也推动了全球一体化进程，越来越多的企业加快了其扩张业务规模的步伐。然而，伴随着企业集团化而来的却是各类成本增加、管理混乱和组织僵化等问题。财务共享服务中心的出现是大数据和云计算等新兴技术推动会计信息化的重要体现，通过借助财务共享服务中心平台，各个部门和业务单位可以更顺畅地交换信息，财务核算也可以更好地掌握，企业的财务管理水平也能更加标准化，帮助公司作出更准确、更高价值的决策。

思考与练习

1. 会计信息化有哪些主要特征？
2. 简要分析会计信息化与会计电算化的区别。
3. 我国会计信息化的发展经历了哪几个阶段？
4. 试述我国会计信息化的发展趋势。

第二章 系统管理和企业应用平台

【学习目标】
- 熟悉系统管理的工作流程和主要内容
- 了解系统管理和企业应用平台在整个系统中的作用
- 掌握系统管理和企业应用平台中进行基础设置的操作方法

第一节 系统管理

在财务、业务一体化管理应用模式下,企业财务与管理软件各子系统的步骤必须统一,以实现企业的资金流、物流、信息流的三流统一管理。整个软件系统为各系统提供了一个公共的系统平台——系统管理平台,用于对整个系统的公共业务进行统一管理,如企业账套的建立、用户的设置等,其他任何系统的独立运行都必须以此为基础,并且各个子系统共享公用的基础信息。

一、系统管理的工作流程

系统管理是企业财务和管理软件各个模块使用的基础,它的主要功能是对用友 ERP-U8 管理系统的各个产品进行统一的操作管理和数据维护,其工作流程如图 2-1 所示。

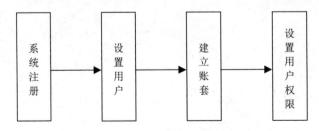

图 2-1 系统管理工作流程

1. 系统注册

系统允许以两种身份注册进入。一是以系统管理员的身份，二是以账套主管的身份。系统管理员负责整个系统的总体控制和维护工作，可以管理该系统中所有的账套。账套主管负责所选账套的维护工作。

2. 设置用户

用户是指有权限登录系统、对系统进行操作的人员，即通常意义上的"操作员"。每次注册登录系统，都要进行用户身份的合法性检查。只有设置了具体的用户之后，才能进行相关的操作。

3. 建立账套

首次启用系统时，必须建立新的核算账套，包括账套名称、账套路径、启用会计期、确定行业性质等。这些参数决定了系统内数据处理的方式及数据输入、输出形式，所以这项工作十分重要，必须由系统管理员根据本单位的实际情况进行设置。

4. 设置用户权限

权限是指用户所具有的操作权限，具体包括对会计软件各个模块的使用权限。指定权限后，该用户只能在规定的权限范围内操作，这样可以有效地防止越权操作现象的发生。

二、系统管理的操作

根据系统管理的工作流程，系统管理的操作步骤如下所述。

(一)系统注册

系统中预先设置了一个系统管理员 admin，第一次运行时，要以系统管理员的身份注册进入系统管理。执行"开始"|"程序"|"用友 ERP-U8"|"系统服务"|"系统管理"命令，进入系统管理窗口。

(二)设置用户

建立新账套时，必须由系统管理员设置用户，用户设置的主要内容包括用户编号、姓名、口令、认证方式和所属部门。执行"权限"|"用户"命令，可以进行用户的增加、修改和删除。

(三)建立账套

为了方便操作，会计软件中大都设置了建账向导，用来引导用户的建账过程。企业建立账套时，需要向系统提供有关企业特征的信息，一般可以在一套软件系统下建立多个账套，以满足不同单位的多层次需要。系统管理员执行"账套"|"建立"命令，输入账套的基本信息即可。

1. 输入账套信息

账套信息包括账套号、账套名称、账套路径和启用会计期。

用友软件允许同时设置多个账套。账套号是一个用来区别不同核算单位的编码，通常用三位数字表示，账套号必须是唯一的，而且不能是已有账套中的账套号；账套名称一般是使用该账套的企业或单位名称；账套路径用于指定每一个账套数据库文件存放的具体位置，用户可以采用系统默认路径，也可以根据需要自行指定路径；启用会计期用于规定该企业用计算机进行业务处理的起点，一般要指定年、月，启用日期在第一次初始设置时设定，一旦设置不可更改。

2. 输入单位信息

单位信息包括单位名称、单位简称、地址、电话等。

3. 设置核算类型

核算类型包括本币代码、本币名称、企业类型、行业性质、账套主管和是否按行业性质预置科目。其中选择按行业性质预置科目后，系统会自动预置所属行业的标准一级科目，否则由用户自行设置会计科目。

4. 设置基础信息

基础信息包括存货是否分类、客户是否分类、供应商是否分类和有无外币核算等。

5. 设置编码方案

编码方案一般包括科目编码、客户分类编码、供应商分类编码、存货分类编码、部门编码和结算方式编码等。

编码方案的设置取决于核算单位经济业务的复杂程度以及核算与统计要求。编码规则设定后，一经使用就不允许再变动。

6. 确定数据精度

数据精度是指数据的小数位数。

在会计核算的过程中，由于各企业对数量、单价的核算精度要求不一致，有必要明确定义主要数量、金额的小数保留位数，以保证数据处理的一致性。

数据精度确定完成后，系统就会弹出"创建账套"提示框，单击"否"按钮，就可结束建账过程。

(四)设置用户权限

用户权限是指三个层次权限中的功能权限，主要规定了每个操作员对各模块及明细功能的操作权限。执行"权限"|"权限"命令，可以对不同操作员进行相应权限的设置。进行权限操作前必须先选定账套及其年度。

在用友软件中，可以对用户权限进行如下所述各种分类。

1. 系统管理员

系统管理员主要是对整个会计软件进行统一管理，其权限包括建立账套、输出/引入账套、设置操作员及权限分配、查看上机日志等，其负责整个系统的安全和维护工作，不参与具体账套的核算工作。该操作员的权限是软件默认的，不需要用户定义。

2. 账套主管

账套主管主要是对所选账套进行统一管理，负责所选账套的维护工作，并参与本账套会计核算工作，其权限包括修改账套、输出/引入年度账、设置该账套用户权限等。账套主管负责所选账套的维护工作，参与本账套会计核算工作。在"操作员权限"窗口中，用户可按照"选择账套→指定操作员→勾选账套主管"的顺序将某个操作员指定为本账套的主管。

3. 普通操作员

普通操作员是指除了系统管理员和账套主管以外的其他参与软件操作的人员。普通操作员应按照系统管理员分配的权限进行相应操作。在为普通操作员授权时，在"操作员权限"窗口中应先进行"指定操作员→选择账套"的操作，再单击"修改"按钮，打开"增加和调整权限"对话框，为该操作员指定具体的权限。

(五)修改账套

当系统管理员建完账套后，在未使用相关信息的基础上，有时需要对某些信息进行调整，以便使信息更真实、准确地反映企业的相关内容时，通过执行"账套"|"修改"命令，即可修改账套。可以修改的信息主要有账套名称、单位信息、基础信息、编码方案和数据精度信息；不允许修改的信息是核算类型(行业性质除外)。

(六)账套输出和账套引入

1. 账套输出

账套输出是指账套数据的备份或删除。对于企业系统管理员来讲，定期地将企业数据备份存储到不同的介质(如常见的硬盘、光盘、网络磁盘等)上，对数据的安全性是非常重要的。如果企业由于不可预知的原因(如地震、火灾、计算机病毒、人为误操作等)需要对数据进行恢复时，备份数据可以将企业的损失降到最小。系统管理员执行"账套"|"输出"命令，即可完成账套输出或删除的操作。

2. 账套引入

账套引入是指数据的恢复，即将系统外某账套数据引入本系统中。该功能有利于集团公司的操作，可以将子公司的账套数据定期引入母公司系统中，以便进行有关账套数据的分析和合并。系统管理员执行"账套"|"引入"命令，即可成功完成账套引入的操作。

第二节　企业应用平台

企业应用平台是用友 ERP-U8 管理软件的唯一入口，实现了用友 ERP-U8 管理软件各系统统一登录、统一管理的功能。

一、系统启用

启用系统的方法有两种：一种是系统管理员在建立账套时直接启用，另一种是账套主管在企业应用平台的基本信息中进行系统启用。

二、基础设置

基础设置是会计软件所有系统共享的公用信息,在启用新账套之前,应根据企业的实际需要与业务要求,事先做好基础信息资料的准备工作,以使初始建账工作顺利进行。

基础设置的内容包括部门档案、人员类别、人员档案、客户分类、客户档案、供应商分类、供应商档案等,设置方法是进入"企业应用平台"窗口,在"基础设置"选项卡的"基础档案"中进行设置,其结果是由各个模块共享基础信息。

(一)部门档案

部门档案是会计软件对职工信息按部门检索、分类汇总的依据。即按照定义好的部门编码级次原则,输入部门编码及其信息。部门档案包括部门编码、部门名称、负责人、部门属性等信息。其中,部门编码和部门名称必须录入,而且部门编码唯一。

(二)人员类别

人员类别是人员档案中的必选项目,需要在人员档案建立之前设置。人员类别与工资费用的分配、分摊有关,人员类别设置是为工资分摊生成凭证设置相应的入账科目做准备,可以按不同的入账科目需要设置不同的人员类别。

(三)人员档案

人员档案主要用于记录本单位使用系统的人员列表,包括人员编码、人员姓名、人员类别、行政部门、性别及人员属性等。其中,人员编码、人员姓名、人员类别、行政部门、性别必须录入,而且人员编码必须唯一。

(四)客户分类与客户档案

1. 客户分类

若用户在建立账套时选中"客户分类"复选框,则在为本单位的客户建立档案前必须先进行客户分类设置。通常,用户可将客户按行业、地区等进行划分。若用户在建立账套时取消选中"客户分类"复选框,则在建立本单位的客户档案时不需要进行分类。

2. 客户档案

建立客户档案时,必须在最末级客户分类下增加。

(五)供应商分类与供应商档案

若用户在建立账套时选中"供应商分类"复选框,则在为本单位的供应商建立档案前必须先进行供应商分类设置。建立供应商档案时,必须在最末级供应商分类下增加。

实验一　系统管理和基础设置

实验目的

- 掌握系统管理的工作流程。

- 了解系统管理在整个系统中的作用。

实验内容

- 系统注册。
- 设置用户。
- 建立账套。
- 设置用户权限。
- 启用总账系统。
- 设置基础档案。
- 修改账套。
- 账套输出。
- 删除账套。
- 账套引入。

实验准备

安装用友 ERP-U8 v10.1 系统。

实验要求

- 系统管理员(admin)负责系统注册、设置用户、建立账套、设置用户权限、输出账套、删除账套和引入账套的操作。
- 账套主管 001(王健)负责启用系统、设置基础档案和修改账套的操作。

实验资料

1. 用户及其权限

用户及其权限如表 2-1 所示。

表 2-1 用户及其权限

编号	姓名	认证方式	口令	所属部门	权限
001	王健	用户+口令(传统)	001	财务部	账套的全部权限
002	赵静	用户+口令(传统)	002	财务部	"公共单据""公用目录设置""总账(除'审核凭证'和'恢复记账前状态'外)""薪资管理""固定资产""应收款管理""应付款管理"的所有权限
003	周敏	用户+口令(传统)	003	财务部	总账系统中出纳签字及出纳的所有权限
004	张勇	用户+口令(传统)	004	采购部	"公共单据""公用目录设置""应付款管理""总账""采购管理""库存管理""存货核算"的所有权限
005	马俊	用户+口令(传统)	005	销售一部	"公共单据""公用目录设置""应收款管理""总账""销售管理""库存管理""存货核算"的所有权限

2. 填写信息

1) 账套信息

账套号：006。

账套名称：鑫创公司。

启用会计期间：2021年1月。

2) 单位信息

单位名称：山西鑫创科技有限公司。

单位简称：鑫创公司。

单位地址：太原市长风街116号。

法人代表：刘磊。

邮政编码：030006。

税号：140111672302765。

3) 核算类型

本币代码：RMB。

本币名称：人民币。

企业类型：工业。

行业性质：2007年新会计制度科目，按行业性质预置科目。

账套主管：王健。

4) 基础信息

存货分类、客户分类，供应商不分类，有外币核算。

5) 编码方案

科目编码级次：42222。

客户分类编码级次：12。

存货分类编码级次：22。

部门编码级次：12。

结算方式编码级次：12。

收发类别编码级次：12。

其他编码级次按系统默认设置。

6) 数据精度

全部采用系统默认值两位。

3. 系统启用

启用总账系统，启用日期为2021年1月1日。

4. 基础档案

1) 部门档案

部门档案如表2-2所示。

表2-2 部门档案

部门编码	部门名称	部门属性
1	人事部	综合管理
2	财务部	财务管理
3	采购部	采购供应
4	销售部	市场营销
401	销售一部	市场营销
402	销售二部	市场营销
5	生产部	产品生产

2) 人员类别

本公司正式工可分为4类，即企业管理人员、采购人员、销售人员和生产人员，如表2-3所示。

表2-3 人员类别

分类编码	档案名称
10101	企业管理人员
10102	采购人员
10103	销售人员
10104	生产人员

3) 人员档案

人员档案如表2-4所示。

表2-4 人员档案

人员编码	人员姓名	性别	人员类别	雇佣状态	行政部门	是否是业务员	是否是操作员	对应操作员编码
101	刘磊	男	企业管理人员	在职	人事部		是	
201	王健	男	企业管理人员	在职	财务部	是	是	001
202	赵静	女	企业管理人员	在职	财务部	是	是	002
203	周敏	女	企业管理人员	在职	财务部	是	是	003
301	张勇	男	采购人员	在职	采购部	是	是	004
401	马俊	男	销售人员	在职	销售一部	是	是	005
402	赵颖	女	销售人员	在职	销售二部	是		
501	程伟	男	生产人员	在职	生产部	是		

4) 客户分类

客户分类如表2-5所示。

5) 客户档案

客户档案如表2-6所示。

表 2-5 客户分类

分类编码	分类名称
1	长期客户
2	短期客户

表 2-6 客户档案

客户编码	客户简称	所属分类	税 号	开户银行	银行账号	地 址	分管部门	专管业务员
01	时代公司	1	110136540807588	交行	56438306	北京市朝阳区	销售一部	马俊
02	智通公司	2	210084327906754	交行	69874532	上海市浦东区	销售二部	赵颖

6) 供应商档案

供应商档案如表 2-7 所示。

表 2-7 供应商档案

供应商编码	供应商简称	所属分类	税 号	开户银行	银行账号	地 址	分管部门	专管业务员
01	易迅公司	00	140106783474921	工行	88342965	太原市南内环街	采购部	张勇
02	朗新公司	00	140103354682342	工行	90685472	太原市五一路	采购部	张勇

5. 修改账套

将会计科目的编码级次由 42222 改为 4222。

实验步骤

1. 系统注册

(1) 执行"开始"|"所有程序"|"用友 U8 v10.1"|"系统服务"|"系统管理"命令,进入"系统管理"窗口。

(2) 执行"系统"|"注册"命令,打开"登录"对话框,系统管理员密码为空,选择系统默认账套(default),单击"确定"按钮后,以系统管理员的身份登录进入系统管理界面,如图 2-2 所示。

2. 设置用户(微课视频:WK01)

(1) 执行"权限"|"用户"命令,进入"用户管理"窗口。

WK01.flv

图2-2 "登录"对话框

(2) 打开"增加用户"对话框,再单击工具栏上的"增加"按钮,根据实验资料"1. 用户及其权限",录入用户的编号、姓名、认证方式、口令、所属部门等内容,然后单击"增加"按钮即可完成新增用户的操作,如图 2-3 所示。通过单击工具栏上的"修改"或"删除"按钮,可以对用户进行修改与删除。

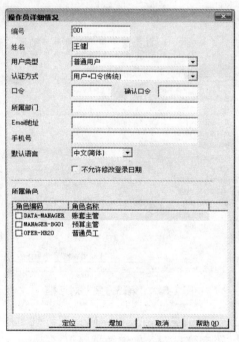

图2-3 "操作员详细情况"对话框

3. 建立账套(微课视频:WK02)

(1) 以系统管理员 admin 的身份注册进入"系统管理"窗口,执行"账套"|"建立"命令,打开"创建账套"对话框,选择新建空白账套,如图2-4所示。

WK02.flv

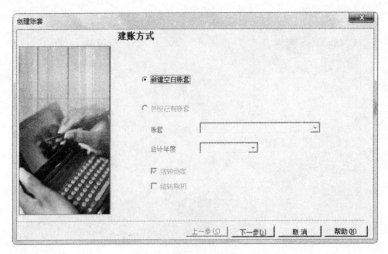

图 2-4 "创建账套"对话框

(2) 根据实验资料"2. 账套信息",按系统提示录入账套信息、单位信息、核算类型、基础信息。

(3) 单击"完成"按钮,系统提示"可以创建账套了吗?",再单击"是"按钮,系统打开"编码方案"对话框,即可开始创建账套,如图2-5所示。

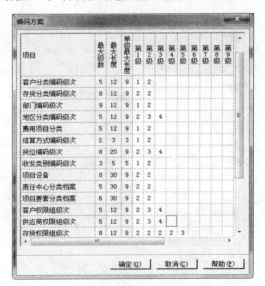

图 2-5 "编码方案"对话框

(4) 根据实验资料"2. 账套信息",设置编码方案,确定后单击"取消"按钮。

(5) 根据实验资料"2. 账套信息",确定数据精度。

(6) 系统弹出"创建账套"系统提示框,单击"否"按钮,结束建账过程。

注意:编码方案、数据精度、系统启用项目可以由账套主管进入"企业应用平台"窗口,在"基础设置"选项卡下的"基本信息"中进行修改。

4. 设置用户权限(微课视频：WK03)

(1) 在"系统管理"窗口中执行"权限"|"权限"命令，打开"操作员权限"对话框，如图 2-6 所示。根据实验资料"1. 用户及其权限"，给各用户设置权限。

WK03.flv

(2) 选择"006 鑫创公司"账套，2021 年度。从操作员列表中选择"001 王健"，选中"账套主管"复选框，确定王健具有账套主管权限。

(3) 从操作员列表中选择"002 赵静"，选择"006"账套，单击"修改"按钮，在权限前打钩表示具有该权限，单击"保存"按钮。同理，设置"003 周敏""004 张勇""005 马俊"的权限。

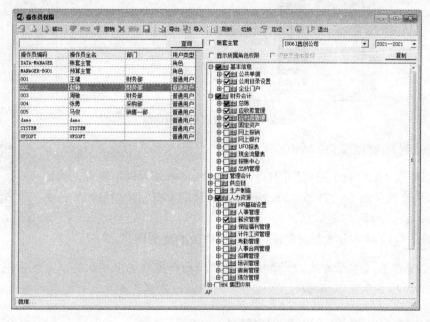

图 2-6 "操作员权限"对话框

5. 系统启用(微课视频：WK04)

(1) 执行"开始"|"程序"|"用友 U8 v10.1"|"企业应用平台"命令，打开"登录"对话框。

WK04.flv

(2) 录入操作员"001"、密码"001"、账套"006 鑫创公司"、操作日期"2021-01-01"，进入"企业应用平台"窗口。

(3) 执行"基础设置"|"基本信息"|"系统启用"命令，打开"系统启用"对话框，如图 2-7 所示，根据实验资料"3.系统启用"的要求启用总账系统。

6. 设置基础档案

(1) 在企业应用平台中选择"基础设置"|"基础档案"选项，进入基础档案信息设置界面。

(2) 根据实验资料"4.基础档案"，依次录入部门档案、人员类别、人员档案、客户分类、客户档案、供应商档案的基础档案信息。

图 2-7 "系统启用"对话框

7. 修改账套(微课视频：WK05)

(1) 以账套主管"001 王健"的身份注册进入"系统管理"窗口，执行"账套"|"修改"命令，打开"修改账套"对话框，根据实验资料"5.修改账套"，修改编码方案信息。

(2) 修改完成后单击"完成"按钮，确认修改的账套信息。

WK05.flv

注意：只有账套主管才可以修改其具有权限的年度账套中的信息，系统管理员无权修改；账套中的很多参数不能修改。若这些参数错误，则只能删除此账套，再重新建立。

8. 输出(备份)账套(微课视频：WK06)

(1) 在硬盘上建立"实验一 系统管理和基础设置"文件夹。

(2) 以系统管理员 admin 的身份注册进入"系统管理"窗口。

(3) 执行"账套"|"输出"命令，打开"账套输出"对话框。

(4) 在"账套号"处选择需要输出的账套 006，单击"确认"按钮，即可输出到"实验一系统管理和基础设置"文件夹中，如图 2-8 所示。

WK06.flv

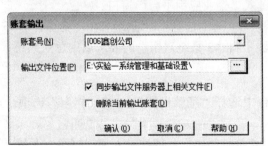

图 2-8 "账套输出"对话框

9. 输出(删除)账套

在已操作"8. 输出账套"的基础上,打开"账套输出"对话框时,选中"删除当前输出账套"复选框,即可完成删除的操作。

10. 引入账套(微课视频:WK07)

WK07.flv

(1) 以系统管理员 admin 的身份注册进入"系统管理"窗口。

(2) 执行"账套"|"引入"命令,打开"请选择账套备份文件"对话框。

(3) 找到备份的实验一的账套数据文件 UfErpAct.Lst,单击"确定"按钮,确定后将数据恢复到系统中,如图 2-9 所示。

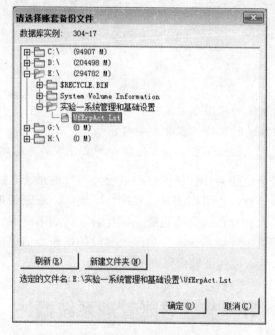

图 2-9 "请选择账套备份文件"对话框

注意:只有系统管理员才有权限输出和引入账套。

思考与练习

1. 系统管理员与账套主管的权限有何区别?
2. 建立账套时设定的主要参数有哪些?
3. 如何理解"按行业性质预置科目"?
4. 账套输出和账套引入有什么作用?
5. 企业需要整理哪些基础档案?

第三章 总账管理系统的应用

【学习目标】
- 了解总账管理系统的应用方案
- 熟悉总账管理系统的工作流程和主要内容
- 掌握总账管理系统初始设置、日常处理和期末处理的操作方法

总账管理系统是整个企业会计软件的核心系统,与其他系统之间存在着密切的数据传递关系。它既可以独立运行,也可以同其他系统协同运作。总账管理系统是以凭证为原始数据,通过对凭证的输入和处理,完成记账、银行对账、期末结账、账证表的查询与打印等账务处理工作。由于总账管理系统产生的账表要向外报送给信息使用者,因此,必须保证账务处理数据的正确性,以保证输出账表的真实性。

第一节 总账管理系统概述

一、总账管理系统的应用方案

由于企业会计核算和管理的需求不同,总账管理系统的应用方案也不尽相同。对于往来业务较多的企业,会有较多的往来客户、供应商。总账管理系统有以下两种应用模式。

(一)总账+往来模式

如采用总账+往来模式,则客户(供应商)核算在总账管理系统中进行;在总账中可以查询供应商往来和客户往来辅助账,科目要设置为客户(供应商)往来辅助核算;期初余额录入时,客户(供应商)辅助核算的科目可以录入期初辅助数据;制单时,可以使用客户(供应商)辅助核算科目;月末结账时,不必判断应收(应付)系统是否已经结账;应收(应付)系统只有科目设置、制单、凭证查询等功能。

(二)总账+应收(应付)

如采用这种模式,则客户(供应商)核算在应收(应付)管理系统中进行;在总账管理系统中科目要设置为客户(供应商)往来辅助核算，该科目为应收(应付)受控科目；期初余额录入时，客户(供应商)辅助核算的科目只录入一个总数，不能录入期初辅助数据；制单时，不能使用客户(供应商)辅助核算科目；月末结账时，要判断应收(应付)系统是否已经结账；总账系统中没有客户(供应商)往来辅助查询。应收(应付)系统具有单据录入、核销、制单、查询等功能。

二、总账管理系统的工作流程

总账管理系统工作流程如图 3-1 所示。

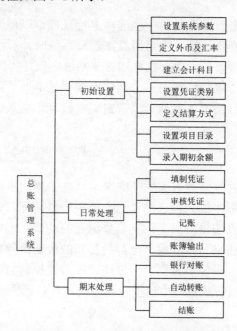

图 3-1　总账管理系统工作流程

1. 初始设置

初始设置是由用户根据本企业的需要建立账务应用环境，将一个通用的账务处理系统变成适合本单位实际需要的专用账务处理系统，主要包括设置系统参数、定义外币及汇率、建立会计科目、设置凭证类别、定义结算方式、设置项目目录以及录入期初余额等。初始设置工作的好坏，将直接影响会计电算化工作的效果。

2. 日常处理

初始设置工作完成后，就可以进行日常业务处理了。日常业务处理的任务主要包括填制凭证，审核凭证，记账，查询，打印输出各种凭证、日记账、明细账、总账和辅助账。

3. 期末处理

期末处理是指会计人员将本月发生的日常经济业务全部登记入账后，在每个会计期末都需要完成的一些特定的会计工作，主要包括银行对账、自动转账和结账。

第二节 总账管理系统初始设置

在进行总账管理系统的日常业务处理之前,需进行必要的系统初始设置工作,主要包括设置系统参数、定义外币及汇率、建立会计科目、设置凭证类别、定义结算方式、设置项目目录和录入期初余额。

一、设置系统参数

设置系统参数是对总账管理系统的一些选项进行设置,以便为总账管理系统配置相应的功能或执行相应的控制操作。第一次启用总账管理系统时,界面会出现参数设置窗口,在此窗口中可以进行部分参数的设置。在总账管理系统中执行"设置"|"选项"命令,打开"选项"对话框,单击"编辑"按钮,分别切换到"凭证""账簿""凭证打印""预算控制""权限""会计日历""其他""自定义项核算"选项卡,即可按照企业实际要求对参数进行相应的设置或调整。

(一)"凭证"选项卡

"凭证"选项卡可查看及修改有关凭证的选项。选中"制单序时控制"复选框,则在制单时凭证号必须按日期顺序排列;选中"支票控制"复选框,在制单时录入未在支票登记簿中登记的支票号时,系统将提供登记支票登记簿的功能;选中"赤字控制"复选框,则在制单时,当"资金及往来科目"或"全部科目"的最新余额出现负数时,系统将予以提示;选中"可以使用应收受控科目""可以使用应付受控科目"和"可以使用存货受控科目"复选框时,则在总账管理系统中也能使用这些科目填制凭证。

(二)"账簿"选项卡

"账簿"选项卡可以确定账簿打印位数的宽度,账簿打印方式是否按月排页或按年排页,打印凭证、账簿时是否使用软件提供的套打纸打印。

(三)"凭证打印"选项卡

选中"打印凭证页脚姓名"复选框,在打印凭证时,自动打印责任人的姓名。

(四)"预算控制"选项卡

选中"超出预算允许保存"复选框,则在制单输入分录时超过预算也可以保存,否则不予保存。

(五)"权限"选项卡

选中"制单权限控制到科目"复选框,使操作员只能使用有权限的科目制单;选中"凭证审核控制到操作员"复选框,可实现审核人员审核权限的进一步细化;选中"出纳凭证必须经由出纳签字"复选框,则含有库存现金、银行存款科目的凭证必须由出纳人员通过"出纳签字"功能对其核对签字后才能记账;选中"允许修改、作废他人填制的凭证"复选框,则违反了内部控制制度,因此企业不应选取此项;选中"明细账查询权限控制到科目"复选框,可实现查询和打印权限的进一步细化。

(六)"会计日历"选项卡

系统自动显示会计期间、开始日期和结束日期列表。此处只需用户确定"启用日期",确定数量、单价小数位及本位币精度。

(七)"其他"选项卡

如果企业有外币业务,选中"外币核算"复选框,可设定制单时的汇率方式,即固定汇率或浮动汇率;如果企业有部门、个人、项目核算,则部门、个人、项目排序方式可选择按编码排序和按名称排序两种方式。

二、定义外币及汇率

企业如有外币业务,应进行外币及汇率的定义,以便制单时调用。如果使用固定汇率,则应在每月月初录入记账汇率(即期初汇率),月末计算汇兑损益时录入调整汇率(即期末汇率);如果使用浮动汇率,则应每天在此录入当日汇率。

在企业应用平台的"基础设置"选项卡中,执行"基础档案"|"财务"|"外币设置"命令,可完成外币及汇率的设置。

三、建立会计科目

建立会计科目是总账管理系统初始设置工作中最重要的一项工作。财会人员应根据会计核算和管理的需要,建立适合本单位业务特点的会计科目体系,同时可以方便地设置增加、修改、删除、查询、打印和指定会计科目。

在企业应用平台的"基础设置"选项卡中,执行"基础档案"|"财务"|"会计科目"命令,打开"会计科目"窗口,即可进行相应的设置。

(一)增加科目

如果用户所使用的会计科目基本上与所选行业会计制度规定的一级会计科目一致,则可以在建立账套时选择预置行业会计科目。这样,在会计科目初始设置时只需对不同的会计科目进行修改,增加缺少的会计科目即可。如果所使用的会计科目与会计制度规定的会计科目相差较多,则可以在建立账套时不选择预置行业会计科目,这样可以根据自身的需要自行设置全部会计科目。

1. 科目编码

科目编码应按照科目编码规则进行定义,并按照科目编码级次的先后次序建立,即从一级科目开始,逐级向下设置明细科目。

2. 科目名称

科目名称可分为中文名称和英文名称,两者不能同时为空。

3. 科目类型

科目类型即会计制度中规定的科目类型，可分为资产、负债、共同、所有者权益、成本和损益六大类。

4. 账页格式

账页格式即定义该科目在打印账簿时的默认打印格式。系统提供了金额式、外币金额式、数量金额式和数量外币式四种账页格式。一般情况下，有外币核算的科目可设为外币金额式，有数量核算的科目可设为数量金额式，既有外币又有数量核算的科目可设为数量外币式，既无外币又无数量核算的科目可设为金额式。

5. 助记码

助记码是用于帮助记忆科目、提高录入和查询速度的一种编码。一般可由科目名称中各个汉字拼音的第一个字母组成，如银行存款的助记码可写为YHCK。

6. 科目性质(余额方向)

增加登记在借方的科目，科目性质为借方；增加登记在贷方的科目，科目性质为贷方。一般情况下，只能在一级科目设置科目性质，下级科目的科目性质与其一级科目应保持一致。

7. 辅助核算

辅助核算也叫辅助账类，用于说明本科目是否有其他核算要求，系统除完成一般的总账、明细账核算外，还提供了部门核算、个人往来、客户往来、供应商往来和项目核算五种专项核算功能。例如，管理费用可设成部门核算，其他应收款可设成个人往来核算，应收账款可设成客户往来核算，应付账款可设成供应商往来核算，生产成本可设成项目核算。采用辅助核算可以减少会计科目设置的工作量，为会计核算实现交叉立体核算提供便利。

8. 外币核算

外币核算科目一般可用于设定该科目是否有外币核算，以及核算的外币名称。一个科目只能核算一种外币，只有具有外币核算要求的科目才允许(也必须)设定外币币名。

9. 数量核算

数量核算科目一般可用于设定该科目是否有数量核算，以及数量计量单位。计量单位可以是任何汉字或字符，如公斤、件、吨等。

10. 其他核算

其他核算科目一般可用于说明本科目有无其他要求，如银行账、日记账等。一般情况下，库存现金科目应设为日记账，银行存款科目应设为日记账和银行账。

(二)修改科目

如果要对已经设置完成的会计科目的名称、编码及辅助项目等内容进行修改，应在会计科目未使用之前通过会计科目的修改功能完成。

(三)删除科目

如果某些会计科目目前暂时不需要或者不适合企业科目体系的特点，可以在未使用之前将其删除。删除科目应遵循"自下而上"的原则，即先删除下一级科目，然后再删除本级科目。

(四)查询科目

查询科目功能可以准确而迅速地定位用户所要查询的科目，以方便用户查询或修改科目的各种属性。

(五)指定科目

指定科目是指定出纳的专管科目。为了保障库存现金、银行存款管理的保密性，系统中需指定现金、银行科目，这样才能执行出纳签字和查看库存现金、银行存款日记账等命令。如果需要在总账管理系统中设置现金流量辅助账，在此也要指定现金流量科目。

在"会计科目"窗口，执行"编辑"｜"指定科目"命令，可以指定相应的会计科目。

四、设置凭证类别

企业为了便于管理或记账方便，一般应对记账凭证进行分类编制。各单位的分类方法不尽相同，系统提供了五种常用的凭证分类方式，用户可以从中选择，也可以根据实际需要自行定义。软件为了防止凭证输入错误，在设置凭证类别的同时还允许用户对各类凭证进行"限制类型"定义。系统中可供选择的七种限制类型如下所述。

(1) 借方必有：制单时，此类凭证借方至少有一个限制科目发生。
(2) 借方必无：制单时，此类凭证借方不允许有一个限制科目发生。
(3) 贷方必有：制单时，此类凭证贷方至少有一个限制科目发生。
(4) 贷方必无：制单时，此类凭证贷方不允许有一个限制科目发生。
(5) 凭证必有：制单时，此类凭证中借方或贷方至少有一个限制科目发生。
(6) 凭证必无：制单时，此类凭证中借方或贷方都不允许有一个限制科目发生。
(7) 无限制：制单时，此类凭证可使用所有合法的科目。

限制科目由用户输入，可以是任意级次的科目，但科目之间要用逗号分隔，数量不限。若限制科目为非末级科目，则在制单时，其所有下级科目都将受到同样的限制。

在企业应用平台的"基础设置"选项卡中，执行"基础档案"｜"财务"｜"凭证类别"命令，可以根据企业具体核算要求设置相应的凭证类别。

五、定义结算方式

任何单位在会计业务中都有银行结算业务，这类业务需要经常与银行对账。为了便于对有关票据进行管理和提高银行对账的效率，用户可以定义结算的方式。定义结算方式的内容包括以下几点。

(1) 结算方式编码：必须按照结算方式编码级次的先后顺序录入。
(2) 结算方式名称：与财务结算方式一致，如现金结算、支票结算等，并且必须唯一。

(3) 票据管理标识：可以根据实际情况选择是否需要。

在企业应用平台的"基础设置"选项卡中，执行"基础档案"|"收付结算"|"结算方式"命令，可以进行相应的设置。

六、设置项目目录

项目辅助核算是会计软件具有的管理功能之一。利用项目辅助核算功能，可以对产品成本、施工工程、科研课题、科研成本等核算对象进行管理。项目核算的种类多种多样，企业可以定义多个种类的项目核算。一般来说，可以将具有相同特性的一类项目定义成一个项目大类，一个项目大类可以核算多个项目。

在企业应用平台的"基础设置"选项卡中，执行"基础档案"|"财务"|"项目目录"命令，可以进行相应的设置。

(一)定义项目大类

项目大类即项目核算的分类类别，如产品成本、工程项目、科研成本等项目大类。项目大类的名称是该类项目的总称，而不是会计科目的名称，如在建工程按具体工程项目核算，其项目大类名称应为工程项目而不是在建工程。在项目定义中可以定义多种项目大类，以便于企业的管理与核算。

(二)指定核算科目

指定核算科目就是具体指定需要进行项目核算的科目，这些科目必须是在建立会计科目时已经设置为项目核算的科目。一个项目大类可以指定多个科目，而一个科目只能指定一个项目大类。如将库存商品、生产成本等科目指定为生产成本项目大类的科目；将在建工程科目指定为在建工程项目大类的科目。

(三)定义项目分类

为了便于统计，可对同一项目大类下的项目进一步划分，这就需要进行项目分类的定义。在"项目分类"选项卡中输入项目分类编码和分类名称即可。

(四)定义项目目录

选择项目目录后，系统将列出所选项目大类下的所有项目。"所属分类码"为此项目所属的最末级项目分类的编码。单击"维护"按钮，则可增加、删除和修改项目目录。

七、录入期初余额

在初次使用总账管理系统时，为了保证会计数据的连续性和完整性，需要先将手工整理的各个会计科目的基础数据录入系统。这些基础数据包括总账科目期初余额和辅助账科目期初余额。为确保录入数据的正确，必须进行试算平衡和期初对账。

(一)录入总账科目期初余额

在开始使用总账管理系统时，应先将各账户启用月份的月初余额和年初到该月的借贷方累计发生额计算清楚，并录入到总账管理系统中。如果是年初建账，可以直接录入年初余额；如果是在年中建账，则可录入启用当月(如 4 月)的期初余额及年初未用的月份(即1～3 月)的借、贷方累计发生额，系统自动计算年初余额。

在总账管理系统中，执行"设置"|"期初余额"命令，进入"期初余额录入"窗口，将光标移到末级科目"期初余额"栏，直接录入数据，系统就会自动生成上级科目的余额。如果某科目为数量、外币核算，应录入期初数量、外币余额，而且必须先录入本币余额，再录入外币余额。

(二)录入辅助账科目期初余额

设置过辅助核算的科目必须按辅助项录入期初余额。对于设置了往来辅助核算的科目，如其他应收款、应收账款和应付账款等，录入辅助账期初余额后，还必须录入期初往来明细。

双击辅助核算科目的期初余额(年中启用)或年初余额(年初启用)，屏幕会显示"辅助期初余额"窗口，在该窗口中即可完成辅助核算科目余额的录入工作。录入完毕后，单击工具栏上的"往来明细"按钮，在该窗口中完成期初往来明细的录入工作，系统就会自动生成上级科目的余额。

此外，期初余额及累计发生额录入完成后，需单击"试算"按钮，查看期初余额试算平衡表，检查余额是否平衡；单击"对账"按钮，检查总账与明细账、总账与辅助账、辅助账与明细账的期初余额是否一致。单击"开始"按钮，对当前期初余额进行对账。若对账后发现错误，单击"对账错误"按钮，系统就会把对账中发现的问题列示出来。

第三节　总账管理系统日常处理

总账管理系统初始设置工作完成后，就可以处理日常业务了。日常业务主要包括填制凭证、审核凭证、记账、修改与查询凭证、删除凭证和输出账簿。

一、填制凭证

凭证是总账管理系统的起点，它的填制正确与否直接影响着账簿和报表的正确性。因此，准确、完整地填制凭证是总账管理系统中一项重要的基础工作。在填制凭证的过程中，出现错误凭证在所难免。为更正错误，系统提供了对错误凭证进行修改或删除的功能。

以制单人身份登录总账管理系统，执行"凭证"|"填制凭证"命令，进入"填制凭证"窗口，单击"增加"按钮或按 F5 键，增加一张新凭证，在凭证各栏目中分别输入相应的信息。

(一)填制凭证的内容

1. 凭证类别

凭证类别是总账管理系统初始化时已定义的凭证类别，按 F2 键或单击"参照"按钮即可选择确定。

2. 凭证编号

为了保证凭证的连续性，一般由软件系统自动按月按类别进行连续编号。每类凭证每月都从 0001 开始，显示在凭证的左上角。

3. 制单日期

制单日期指会计业务发生时的业务日期。一般由软件自动提取计算机系统日期，在此基础上，可结合凭证的实际操作日期对其进行修改。

4. 附单据数

附单据数指所附的原始凭证张数，即根据填制记账凭证所依据的原始凭证的张数录入。

5. 摘要

摘要是对当前经济业务内容的简要描述。在填制凭证时，除了可以在摘要栏中直接输入摘要内容外，还可以按 F2 键或单击"参照"按钮调用常用摘要。不同行的摘要可以相同也可以不同，但不能为空。每行摘要将随相应的会计科目在明细账、日记账中出现。新增分录完成后，按 Enter 键，系统可将摘要自动复制到下一分录行。

6. 会计科目

会计科目必须是最末级科目编码，总账科目由系统自动填写。输入会计科目有四种方法：一是直接录入末级科目名称；二是录入科目编码，系统自动将其转换为科目名称；三是输入科目的助记码，系统自动将其转换为科目名称；四是按 F2 键或利用参照功能录入会计科目。

7. 金额

金额栏用于输入某一科目所对应的金额，包括借方金额和贷方金额两栏。金额不能为"0"，红字以负数表示。在金额处按"="键，系统将根据借贷方差额自动计算此笔分录的金额。如果借贷方向不符，可用空格键调整余额方向。

8. 辅助信息

根据科目属性要求输入相应的辅助信息，如部门、个人、项目、客户、供应商、数量、自定义项等。输入的辅助信息显示在凭证下方的备注栏中。

(1) 输入待核银行账凭证。要求输入相应的票据日期、结算方式和票号，这些信息将在银行对账时使用。当选择支票控制，即该结算方式被设为支票管理时，银行账辅助信息不能为空，而且该方式的票号应在支票登记簿中有记录。

(2) 输入有部门核算要求的凭证。要求输入对应的部门代码或名称，这些信息将在部门账管理时使用。

(3) 输入有往来账核算要求的凭证。要求输入对应的单位代码和业务员，这些信息将在往来账管理时使用。

(4) 输入有数量核算要求的凭证。要求输入数量和单价，并且系统会自动按照"数量×单价=金额"的公式生成该科目的总金额。

(5) 输入有外币核算要求的凭证。要求输入外币数量和记账汇率，并且系统会自动按照"外币×汇率=本位币"的公式生成该科目的外币总金额。

凭证内容全部录入完毕后，单击"保存"按钮或按 F6 键即可保存该张凭证。凭证一旦保存，其凭证类别、凭证编号将不能再作修改。

(二)常用凭证

为了提高会计业务处理的效率，我们通常应将一些经常发生的业务以常用凭证的形式保存起来，以备随时调用。灵活应用常用凭证，会给企业的凭证编制工作带来极大的便利。

1. 定义常用凭证

定义常用凭证时，执行"凭证"|"常用凭证"命令，先定义常用凭证的主要信息：编码、说明和凭证类别。然后通过单击"详细"按钮可对常用凭证的凭证分录进行具体定义。

2. 调用常用凭证

在编制凭证时，如果遇到与常用凭证所涉及的业务为同一类型时，执行"制单"|"调用常用凭证"命令，输入常用凭证的编码后，系统即可调出该常用凭证，以提高凭证的录入速度。

二、审核凭证

审核凭证是指由具有凭证审核权限的操作员按照会计制度规定，对制单人编制的凭证进行合法性检查，其目的是防止错误及舞弊发生。为了确保账簿中每一笔经济业务都是准确和可靠的，制单人编制的所有凭证都必须经过具有审核权限的操作员审核，方可作为正式凭证进行记账处理。

企业为了加强对资金的管理，凡涉及库存现金、银行存款的收付业务，在凭证中须经出纳人签字方可生效。在系统中，如果在"选项"对话框的"权限"选项卡中选中"出纳凭证必须经由出纳签字"复选框，那么，在审核凭证之前，由出纳对带有库存现金或银行存款科目的凭证进行检查核对，确认正确无误后签字。由于出纳签字和审核凭证的操作方法基本相同，所以，在此只介绍审核凭证的有关内容。

(一)审核凭证的方法

在实际工作中，企业通常采用屏幕审核的方法，由凭证审核人直接根据原始凭证，对屏幕上显示的已编制的凭证进行正确性检查。若审核人经过审查确认该凭证正确，就必须在该凭证上签章，表示审核通过；若经审查认为错误或有异议，审核人应在该凭证上标明，并将错误凭证交给制单人修改后再进行审核。

(二)审核凭证的方式

在用友软件中，提供了如下所述两种审核凭证的方式。

1. 单张审核

审核人在"凭证审核"窗口，单击"审核"按钮逐张地进行审核。每审核完一张，系统会在凭证底部审核人的位置上加上审核标记，即签上审核人的名字。

2. 成批审核

审核人在"凭证审核"窗口，对所有的凭证检查完毕后，通过"成批审核"功能可将需要审核的凭证一次性地全部审核完成，并将所有查看过的凭证加上审核标记。

(三)审核凭证的操作步骤

1. 审核人登录

根据内部控制的要求，凭证的审核人和制单人不能为同一个人。因此，在进行凭证审核时，需要先更换操作员，重新登录总账管理系统，由具有审核凭证权限的操作员进行审核操作。

2. 审核凭证

企业可根据实际需要，选择不同的审核方式对凭证进行审核。若操作员选择"单张审核"方式，则系统会显示"凭证审核"窗口，单击"审核"按钮进行审核；若选择"成批审核"方式，则系统会自动将所选范围内的凭证一次性全部审核完成，同时显示成批审核报告。

三、记账

凭证经审核签字后，即可用来登记总账和明细账、日记账、部门账、往来账、项目账以及备查账等。在会计软件中，记账是由具有记账权限的操作员发出记账指令，由计算机按照预先设计的记账程序自动进行的。

具有记账权限的操作员，执行"凭证"|"记账"命令，即可进入"记账"对话框，单击"记账"按钮，系统就会自动完成记账过程，并在凭证底部"记账"处自动签上记账人的姓名。

四、凭证的修改与查询

(一)凭证的修改

录入凭证时，尽管系统提供了多种防止错误的措施，但出现错误凭证还是在所难免。为了更正错误，系统提供了修改凭证的功能。总账管理系统对不同情况下出现的错误有不同的修改方法。

1. 未审核凭证的修改

未审核凭证是指凭证编制完成后，还没有经过审核的凭证，即在"审核"的位置上没有出现审核人名字的凭证。修改未审核凭证时，可以在"填制凭证"窗口中进行，通过凭证查找和跳转功能找到错误凭证，直接在凭证上修改。

2. 已审核未记账凭证的修改

已审核未记账凭证是指编制完成的凭证已经经过审核人的审核，但还没记账。即在"填制凭证"窗口中，"审核"位置上已经有了审核人的名字，但"记账"位置上还没有出现记账人的名字。对该类凭证修改时，需要由审核人员对错误凭证先取消审核，然后按照未审核凭证的修改方法对凭证进行修改。

3. 已记账凭证的修改

已记账凭证是指经过记账操作的凭证。此时，凭证中"记账"的位置上已有记账人的名字。按照会计制度需留下审计线索的要求，对发现有错误的已记账凭证，不允许直接修改，而应采用"红字冲销法"进行更正。红字冲销法是指按红字金额制作一张凭证予以冲销错误凭证，然后再制作一张蓝字凭证进行补充的方法。

在"填制凭证"窗口，执行"制单"|"冲销凭证"命令，打开"冲销凭证"对话框，输入错误凭证的编制月份、凭证类别与凭证号，系统会自动编制一张科目、金额、方向等和错误凭证保持一致、金额为红色的红字冲销凭证，然后再编制一张正确的蓝字凭证，并且对其进行审核和记账处理。

(二)凭证的查询

凭证查询是指按照给定的条件查找满足条件的凭证，并在屏幕上显示出来，包括对未记账凭证的查询和对已记账凭证的查询。凭证查询的操作方法如下所述。

在总账管理系统中执行"凭证"|"查询凭证"命令，进入"凭证查询"窗口，按指定条件显示凭证内容。如要按科目、摘要、金额等辅助信息进行查询，可单击"辅助条件"按钮输入辅助查询条件；如果当前凭证为外部系统生成的凭证，移动鼠标指针到记账凭证标题处，单击鼠标左键，可显示当前凭证属于哪个子系统及凭证反映的业务类型与业务号。

五、删除凭证

对于未记账凭证，若想将其从凭证库中彻底删除，需要先进行"作废"操作，然后再进行"整理凭证"操作。

六、输出账簿

输出账簿是系统按照各种账簿的格式和要求，对"记账凭证文件"和"科目汇总表文件"中的数据进行检索、排序和汇总等处理，生成企业所需要的各类账表。账簿输出包括查询和打印两种方式。在总账管理系统中，系统通过丰富的查询、打印功能，可以实现总账、明细账、凭证的联查功能，满足企业各方的实际需要。

第四节 总账管理系统期末处理

期末处理是指会计人员将本月发生的日常经济业务全部登记入账后，在每个会计期末都需要完成的一些特定的会计工作，主要包括银行对账、自动转账和期末结账。

一、银行对账

银行对账是货币资金管理的主要内容，是各单位出纳员的基本工作之一。为了防止记账发生差错，正确掌握银行存款的实际余额，必须定期将企业银行存款日记账与银行对账单进行核对，并编制银行存款余额调节表。在总账管理系统中，银行对账的科目是在设置会计科目时定义为"银行账"的科目。

(一)初始对账

为了确保银行对账的准确性和连续性，第一次使用银行对账功能之前，系统要求先进行初始对账。也就是在开始对账的月初先将单位日记账、银行对账单未达账项录入系统并调整平衡。

需要注意的是，该功能只在常规对账前使用一次，一旦调整后的余额平衡，系统将自动关闭此功能，以保证初始数据的正确。此后，每月进行的银行对账都称为常规对账。

(二)常规对账

常规对账通常包括以下三个步骤。

1. 录入银行对账单

一般来说，进行银行对账前要先将银行对账单录入系统。录入银行对账单的方式很多，可以手工输入银行对账单，也可以从装有银行对账单的磁盘中获取，还可以通过网络直接从银行取得对账单。

2. 银行对账

银行对账采用自动对账和手工对账相结合的方式进行。

1) 自动对账

自动对账是计算机根据对账依据将银行存款日记账中的未达账项与银行对账单进行自动核对和勾销。而通常自动对账的依据是"结算方式+结算票号+方向+金额"，即只有当单位银行存款日记账中的某一笔业务和银行对账单中的某一笔业务的结算方式、结算票号、方向和金额完全一致时，系统才予以核销。

自动对账时，执行"出纳"|"银行对账"|"银行对账"命令，进入"银行对账"窗口，系统显示企业银行存款日记账记录和银行对账单记录，单击"对账"按钮，录入对账条件，由系统自动勾对，在已达账项的"两清"栏打上"○"标志，同时底色变成黄色。如果想取消某一条自动勾对的记录，只要将光标定位于要取消的记录上，双击即可。完成自动对账后，系统会保留对账结果。

2) 手工对账

手工对账是对自动对账的补充，对于使用完自动对账后不符合自动对账依据而没有勾销的已达账项，由财会人员根据判断在屏幕上进行手工勾对。手工对账的标志是在"两清"栏上打上"√"标记。

对账结束后，单击"检查"按钮，系统将自动显示对账平衡检查结果。

3. 银行存款余额调节表

银行对账完成后，系统会自动生成银行存款余额调节表。

查看银行存款余额调节表的操作方法为执行"出纳"|"银行对账"|"余额调节表查询"命令，进入"银行存款余额调节表"窗口，选择要查询的银行，单击"查看"按钮或双击该行，即可看到该账户的银行存款余额调节表。

如果需要查询单位银行存款日记账和银行对账单的对账结果,则选择"出纳"|"查询对账勾对情况"命令;若需要核销已达账项,则执行"出纳"|"银行对账"|"核销银行账"命令,选择要核销的账户即可。

二、自动转账

期末转账业务几乎是大多数单位在月底结账之前都要重复处理的固定业务。对于处理这些业务,有一定的规律可循,即在编制的转账凭证中,凭证的摘要、借方科目、贷方科目、金额的来源或计算方法基本不变,只有金额不等。根据这一特性,可以预先把这种有规律性的会计业务定义好凭证框架,再把各种金额来源计算公式保存在计算机中,从而形成自动转账凭证。每月只要调用这种自动转账功能,就会产生凭证。这种预先定义分录的结构,再由计算机自动编制凭证的过程称为"自动转账",由此而生成的凭证称为自动转账凭证。自动转账可分为定义转账凭证和生成转账凭证两部分。

(一)定义转账凭证

转账可分为外部转账和内部转账。外部转账是指将其他系统生成的凭证转入总账管理系统;内部转账是指在总账管理系统中把某个或某几个会计科目中的余额或本期发生额结转到一个或多个会计科目中。自动转账主要包括自定义转账、对应结转、销售成本结转、售价销售成本结转、汇兑损益结转和期间损益结转。这里主要介绍自定义结转和期间损益结转两种转账方式。

1. 自定义转账设置

在电算化方式下,为了实现各个企业不同时期期末会计业务处理的通用性,用户可以自行定义自动转账凭证,以完成每个会计期末的固定会计业务的自动转账。自定义转账凭证功能可以完成对各种费用的分配、分摊、计提,税金的计算以及辅助核算的结转等。

设置自定义转账时,执行"期末"|"转账定义"|"自定义转账"命令,进入"自定义转账设置"窗口,单击"增加"按钮,可定义一张转账凭证。

自动转账凭证的格式和日常使用的凭证格式类似,都包括摘要、科目、借贷方金额等内容,但自动转账凭证中的金额是由计算机根据事先定义的取数公式自动从相应的账簿中得出的,因此,定义自动转账凭证时,主要工作应是定义金额来源公式。金额公式既可以采用向导输入方式,也可以采用直接输入方式。

下面以"每月按应收账款借方余额的3‰计提坏账准备"为例,说明自动转账凭证的定义。手工方式下的分录如下所述。

借:信用减值损失(6701)

贷:坏账准备 (1231)

在总账管理系统中设置自定义转账凭证,如表3-1所示。

表3-1 自定义转账凭证设置

摘要	科目	方向	金额公式
计提坏账准备	6701	借	JG()
计提坏账准备	1231	贷	QM(1122,月,借)*0.003

表 3-1 中，QM(1122,月,借)为账务取数公式(又称账务取数函数)，表示取应收账款(1122)科目结转月份的期末余额；JG()表示取坏账准备科目的计算结果。系统中，账务取数公式的基本格式为函数名(科目编码,会计期间,["方向"],辅助项1,辅助项2)。

公式中各参数的含义如下所述。

(1) 科目编码：也可是科目名称。

(2) 会计期间：可以采用"年""季""月"等变量作为会计期间的计算单位，也可以是由具体数字表示的年、季和月。

(3) 方向：即"借"或"贷"，省略时，系统会自动根据科目的性质进行判断。

(4) 辅助项1,辅助项2：是与会计科目的辅助核算有关的编码。若需要提取辅助账的数据时，即在这里输入相应辅助项目的编码；若无辅助核算，则可省略。各辅助项必须为末级。由于科目最多只能有两个辅助核算账类，因此，辅助项最多可定义两个。

主要账务取数函数如表 3-2 所示。

表 3-2 主要账务取数函数

函 数 名	金 额 式	数 量 式	外 币 式
期初额函数	QC()	SQC()	WQC()
期末额函数	QM()	SQM()	WQM()
发生额函数	FS()	SFS()	WFS()
累计发生额函数	LFS()	SLFS()	WLFS()
条件发生额函数	TFS()	STFS()	WTFS()
对方科目发生额函数	DFS()	SDFS()	WDFS()
净额函数	JE()	SJE()	WJE()

2. 期间损益结转设置

期末时，应将企业中所有损益类科目的余额转入"本年利润"科目，从而反映企业在一个会计期间内实现的利润或亏损总额。本功能主要是对损益类科目进行的结转。通过期间损益结转功能，系统可以实现自动结转，并生成相应的转账凭证。

设置期间损益结转时，执行"期末"|"转账定义"|"期间损益"命令，进入"期间损益结转设置"窗口，选择凭证类别，然后在"本年利润科目"下拉列表框中选取本年利润的入账科目即可。

(二)生成转账凭证

定义完转账凭证后，每月月末只需执行生成转账凭证功能即可快速生成转账凭证，并将此转账凭证自动追加到未记账凭证中去。然后，按账务处理程序要求，对该张凭证进行审核和记账操作。

1. 生成自定义转账凭证

执行"期末"|"转账生成"命令，进入"转账生成"窗口，选择结转月份及选中"自定义转账"单选按钮，在需要结转的转账凭证"是否结转"栏上双击打上"√"标记，单

击"确定"按钮,即可生成所需的转账凭证。

2. 生成期间损益凭证

执行"期末"|"转账生成"命令,进入"转账生成"窗口,选择结转月份及选中"期间损益结转"单选按钮,先单击"全选"按钮,再单击"确定"按钮,即可生成所需的转账凭证。

执行以上操作后,单击工具栏中的"首页""上页""下页""末页"按钮可翻页查看生成的转账凭证,若凭证类别、制单日期和附单据数与实际凭证有出入,可直接在当前凭证上进行修改。当确认正确无误后,单击"保存"按钮,系统可自动将当前凭证追加到未记账凭证中。

三、期末结账

本期所有的会计业务全部处理完毕之后,就要进行结账处理。结账工作只能由具有结账权限的操作员来进行。也只有将本期的账务全部进行结账处理,企业才可以对下一会计期间进行数据处理。

在总账管理系统中执行"期末"|"结账"命令,打开"结账"对话框,按照系统提供的期末结账向导即可完成结账工作。

实验二　总账管理系统初始设置

实验目的

- 熟悉总账管理系统初始设置的主要内容和操作流程。
- 掌握总账管理系统初始设置的操作方法。

实验内容

- 设置总账系统参数。
- 定义外币及汇率。
- 建立会计科目。
- 设置凭证类别。
- 定义结算方式。
- 设置项目目录。
- 录入期初余额。

实验准备

录入实验一的账套备份数据或在U盘上引入已备份的实验一的账套数据。

实验要求

账套主管 001(王健)负责总账管理系统初始设置的操作。

实验资料

1. 总账系统参数

制单序时控制;支票控制;可以使用应收、应付、存货受控科目;出纳凭证必须经由出纳签字;不允许修改、作废他人填制的凭证;选择"现金流量科目必录现金流量项目"选项;数量小数位和单价小数位设置为两位;部门、个人、项目按编码方式排序。

2. 外币及汇率

币符:USD;币名:美元;汇率:1∶6.569 7。

3. 会计科目

(1) 增加会计科目如表 3-3 所示。

表 3-3 增加会计科目

科目编码	科目名称	辅助账类型
100201	工行存款	日记账、银行账
100202	交行存款	外币核算、日记账、银行账
122101	职工借款	个人往来
140301	生产用原材料	数量核算(个)
190101	待处理流动资产损益	
190102	待处理固定资产损益	
221101	工资	
221102	工会经费	
221103	职工教育经费	
222101	应交增值税	
22210101	进项税额	
22210102	销项税额	
222102	应交所得税	
400201	投资评估增值	
500101	直接材料	项目核算
500102	直接人工	项目核算
660201	办公费	部门核算
660202	差旅费	部门核算
660203	工资	部门核算
660204	折旧费	部门核算

(2) 修改会计科目如表 3-4 所示。

表 3-4　修改会计科目

科目编码	科目名称	辅助账类型
1001	库存现金	日记账
1122	应收账款	客户往来
2202	应付账款	供应商往来
5001	生产成本	项目核算
6701	信用减值损失	

(3) 将"1001 库存现金"指定为现金总账科目,"1002 银行存款"指定为银行总账科目,将"1001 库存现金、100201 工行存款、100202 交行存款"指定为现金流量科目。

4. 凭证类别

凭证类别如表 3-5 所示。

表 3-5　凭证类别

类别字	凭证类别	限制类型	限制科目
收	收款凭证	借方必有	1001,100201,100202
付	付款凭证	贷方必有	1001,100201,100202
转	转账凭证	凭证必无	1001,100201,100202

5. 结算方式

结算方式如表 3-6 所示。

表 3-6　结算方式

结算方式编码	结算方式名称	是否为票据管理
1	现金结算	否
2	支票结算	否
201	现金支票	是
202	转账支票	是

6. 项目目录

项目目录如表 3-7 所示。

表 3-7　项目目录

项目设置	设置内容
项目大类	生产成本

续表

项目设置	设置内容
核算科目	生产成本(5001) 直接材料(500101) 直接人工(500102)
项目分类	1. 自行开发项目 2. 委托开发项目
项目名称	台式电脑(101)所属分类码 1 笔记本电脑(102)所属分类码 1 扫描仪(103)所属分类码 1

7. 期初余额

期初余额如表 3-8 所示。

表 3-8　期初余额

科目名称	辅助账明细	方　向	期初余额
库存现金		借	20 000
银行存款		借	850 000
工行存款		借	500 000
交行存款		借	350 000
应收账款	日期：2020 年 12 月 20 日；客户：时代公司；业务员：马俊；摘要：销售商品；方向：借；金额：500 000	借	500 000
其他应收款		借	10 000
职工借款	日期：2020 年 12 月 26 日；部门：人事部；个人：刘磊；摘要：出差借款；方向：借；金额：10 000	借	10 000
坏账准备		贷	5 000
原材料		借	250 000
生产用原材料		借	250 000
库存商品		借	800 000
固定资产		借	350 000
累计折旧		贷	21 760
应付账款	日期：2020 年 12 月 28 日；供应商：易迅公司；业务员：张勇；摘要：购货款；方向：贷；金额：289 700	贷	289 700
实收资本		贷	2 523 540
生产成本		借	60 000
直接材料	台式电脑：20 000；笔记本电脑：25 000	借	45 000
直接人工	台式电脑：10 000；笔记本电脑：5 000	借	15 000

实验步骤

1. 设置总账系统参数

(1) 以账套主管"001 王健"的身份注册进入企业应用平台,登录日期为 2021 年 1 月 1 日,在企业应用平台的"业务工作"选项卡中,执行"财务会计"|"总账"|"设置"|"选项"命令,打开"选项"对话框,如图 3-2 所示。

(2) 单击"编辑"按钮,分别切换到"凭证""账簿""权限""会计日历""其他"选项卡,根据实验资料"1. 总账系统参数",对各参数进行相应的设置或调整。

图 3-2 "选项"对话框

注意事项:
- 选择"出纳凭证必须经由出纳签字"操作后,还应通过"指定科目"功能设置相应的现金总账科目和银行总账科目。
- 总账管理系统的启用日期不能超过机内系统日期。
- 对于总账管理系统中已录入期初余额,或已录入汇率,或已制单的月份以及新年度进入系统时,不能修改总账启用日期。

2. 定义外币及汇率(微课视频: WK08)

(1) 在企业应用平台的"基础设置"选项卡中执行"基础档案"|"财务"|"外币设置"命令,打开"外币设置"对话框。

(2) 单击"增加"按钮,录入币符 USD、币名"美元",单击"确认"按钮。

(3) 录入"2021.01"和记账汇率 6.569 70,如图 3-3 所示,完成后退出。

WK08.flv

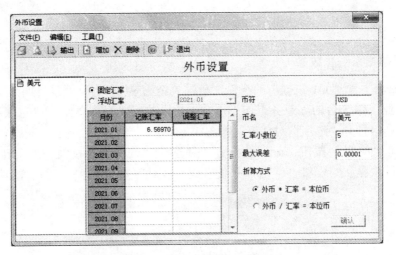

图3-3 "外币设置"对话框

注意事项:
- 定义外币及汇率时,应先定义每一种外币,然后在已有外币的基础上再进行汇率定义。
- 已经使用的外币不能删除。

3. 建立会计科目(微课视频:WK09)

(1) 在企业应用平台的"基础设置"选项卡中执行"基础档案"|"财务"|"会计科目"命令,进入"会计科目"窗口。

(2) 单击"增加"按钮,根据实验资料"3. 会计科目"录入要求增加的会计科目信息,如图3-4所示,录入完毕后返回"会计科目"窗口。

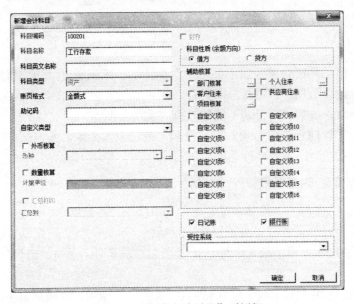

图3-4 "新增会计科目"对话框

(3) 选中需修改的科目，单击"修改"按钮，根据实验资料"3. 会计科目"的要求修改科目信息，完成后退出。

(4) 执行"编辑"|"指定科目"命令，选中"1001 库存现金"为现金总账科目，如图 3-5 所示，"1002 银行存款"为银行总账科目，"1001 库存现金""100201 工行存款""100202 交行存款"为现金流量科目，确定后返回"会计科目"窗口。

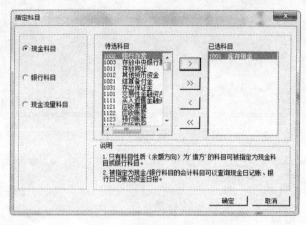

图 3-5 "指定科目"对话框

注意事项：
- 会计科目编码必须唯一。非末级会计科目不能修改科目编码。
- 辅助账类必须设在末级科目上，但为了查询或出账方便，有些科目也可以在末级和上级设辅助账类科目。
- 已有余额的会计科目，应先将该科目及其下级科目余额清零后再修改和删除。
- 删除科目应遵循自下而上的原则，即先删除下一级科目，然后再删除本级科目。
- 被封存的会计科目在制单时不可以使用。
- 被指定为现金银行科目的会计科目不能删除。如想删除，必须先取消指定。
- 凭证记账后期初余额变为浏览只读状态，不能再修改。

4. 设置凭证类别(微课视频：WK10)

(1) 在企业应用平台的"基础设置"选项卡中执行"基础档案"|"财务"|"凭证类别"命令，打开"凭证类别预置"对话框。

(2) 选中"收款凭证、付款凭证、转账凭证"，确定后进入"凭证类别"窗口。

WK10.flv

(3) 根据实验资料"4. 凭证类别"的要求分别设置收款凭证、付款凭证和转账凭证的限制类型和限制科目，如图 3-6 所示，完成后退出。

5. 定义结算方式(微课视频：WK11)

(1) 在企业应用平台的"基础设置"选项卡中执行"基础档案"|"收付结算"|"结算方式"命令，进入"结算方式"窗口。

(2) 单击"增加"按钮，根据实验资料"5. 结算方式"的要求增加结算方式信息，如图 3-7 所示，完成后退出。

WK11.flv

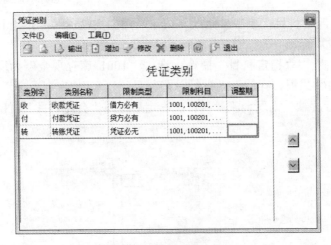

图 3-6 "凭证类别"窗口

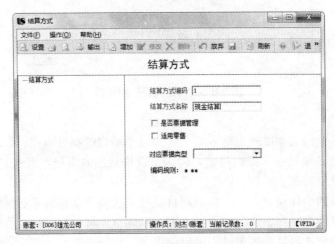

图 3-7 "结算方式"窗口

6. 设置项目目录(微课视频:WK12)

WK12.flv

(1) 在企业应用平台的"基础设置"选项卡中执行"基础档案"|"财务"|"项目目录"命令,打开"项目档案"对话框。

(2) 单击"增加"按钮,打开"项目大类定义_增加"对话框,录入项目大类名称"生产成本",如图 3-8 所示,完成后返回"项目档案"对话框。

(3) 切换到"核算科目"选项卡,选择项目大类"生产成本",根据实验资料"6. 项目目录"将生产成本(5001)及其明细科目设为"核算科目",如图 3-9 所示,单击"确定"按钮。

(4) 切换到"项目分类定义"选项卡,单击"增加"按钮,根据实验资料"6. 项目目录"录入项目分类,如图 3-10 所示。

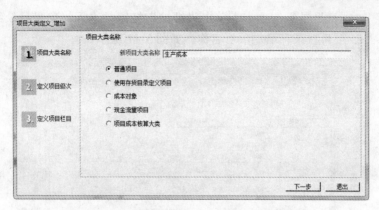

图 3-8 "项目大类定义_增加"对话框

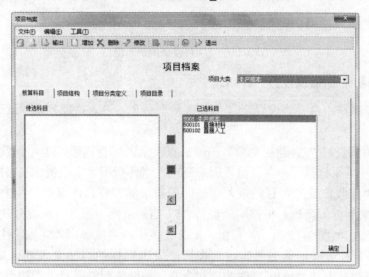

图 3-9 "核算科目"选项卡

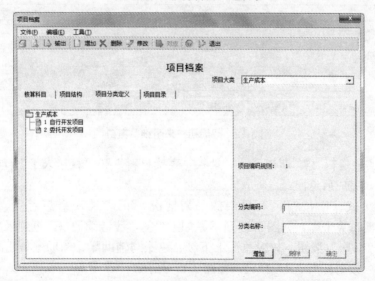

图 3-10 "项目分类定义"选项卡

(5) 切换到"项目目录"选项卡,单击"维护"按钮,进入"项目目录维护"窗口,根据实验资料"6. 项目目录"增加项目名称,如图 3-11 所示。

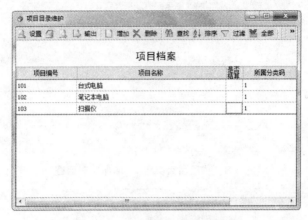

图 3-11 "项目目录维护"窗口

7. 录入期初余额(微课视频:WK13)

WK13.flv

(1) 在总账系统中执行"设置"|"期初余额"命令,进入"期初余额录入"窗口。

(2) 根据实验资料"7. 期初余额"的要求直接录入库存现金、工行存款、交行存款、坏账准备、生产用原材料、库存商品、固定资产、累计折旧、实收资本科目的期初余额。

(3) 双击"应收账款"科目,进入"辅助期初余额"窗口,单击"往来明细"按钮,进入"期初往来明细"窗口,根据实验资料"7. 期初余额"录入"应收账款"辅助账明细科目的期初余额,如图 3-12 所示,单击"汇总"按钮,系统弹出"完成了往来明细到辅助期初表的汇总"对话框,单击"确定"按钮。采用同样的方法录入其他应收款(个人往来)、应付账款(供应商往来)的辅助账的期初余额和辅助账明细科目的期初余额。

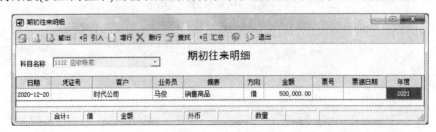

图 3-12 "期初往来明细"窗口

(4) 根据实验资料"7. 期初余额"录入"直接材料"和"直接人工"(项目核算)辅助账的期初余额,完成后返回。

(5) 单击"试算"按钮,查看余额平衡情况,正确录入余额后借、贷合计均为 2 813 240,表明试算平衡,如图 3-13 所示。如不平衡,应继续调整,直到平衡为止。

(6) 单击"对账"按钮,核对总账上下级、总账与辅助账、辅助账与明细账的期初余额是否一致,一致则打上"Y"标记,如图 3-14 所示。

(7) 单击"退出"按钮,退出"期初余额录入"窗口。

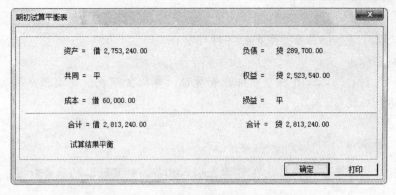

图 3-13 "期初试算平衡表"对话框

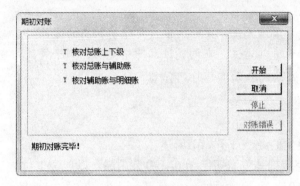

图 3-14 "期初对账"对话框

8. 账套备份

(1) 在硬盘上建立"实验二 总账管理系统初始设置"文件夹。
(2) 将账套数据备份输出至"实验二 总账管理系统初始设置"文件夹中。

实验三 总账管理系统日常处理

实验目的

- 熟悉总账管理系统处理日常业务的主要内容和操作流程。
- 掌握总账管理系统处理日常业务的操作方法。

实验内容

- 填制凭证。
- 出纳签字。
- 审核凭证。
- 记账。
- 冲销第1笔经济业务对应的凭证。
- 恢复记账前状态。

- 查询凭证。
- 删除第1笔经济业务生成的红字冲销凭证。
- 重新记账。
- 查询原材料总账,并联查明细账和凭证,查询余额表,查询客户往来明细账,查询银行日记账。

实验准备

录入实验二的账套备份数据或在U盘上引入已备份的实验二的账套数据。

实验要求

- 001(王健)负责审核凭证、记账、恢复记账前状态的操作。
- 002(赵静)负责填制凭证、查询凭证、冲销凭证、删除凭证、查询账簿的操作。
- 003(周敏)负责出纳签字的操作。

实验资料

2021年1月份发生的经济业务如下所述。

(1) 1月4日,销售部马俊购买了500元办公用品,以现金支付。
借:销售费用(6601)　　　　　500
　　贷:库存现金(1001)　　　　　　　500

(2) 1月6日,财务部周敏从工行提取现金10 000元备用,现金支票号为X001。
借:库存现金(1001)　　　　　10 000
　　贷:银行存款——工行存款(100201)　10 000

(3) 1月9日,收到外单位投资10 000美元,汇率为1∶6.569 7,转账支票号为001。
借:银行存款——交行存款(100202)　65 697
　　贷:实收资本(4001)　　　　　　　65 697

(4) 1月12日,人事部刘磊出差归来,报销差旅费8 000元,交回现金2 000元。
借:管理费用——差旅费(660202)　8 000
　　库存现金(1001)　　　　　　　2 000
　　贷:其他应收款——职工借款(122101)　10 000

(5) 1月18日,采购部张勇购生产用主板30个,单价500元,材料直接入库,货款以银行存款支付,转账支票号为Z001。
借:原材料——生产用原材料(140301)　　　　　　　15 000
　　应交税费——应交增值税——进项税额(22210101)　1 950
　　贷:银行存款——工行存款(100201)　　　　　　　　16 950

(6) 1月20日,生产部领用主板4个,单价500元,用于生产台式电脑。
借:生产成本——直接材料(500101)　　　　2 000
　　贷:原材料——生产用原材料(140301)　　2 000

(7) 1月23日,采购部张勇偿还易迅公司前欠货款289 700元,以工行存款支付,转账支票号为 Z002。

借：应付账款(2202)　　　　　　289 700
　　贷：银行存款——工行存款(100201)　289 700

(8) 1月25日，销售给时代公司台式电脑100台，货款300 000元，税款48 000元，已存入工行，转账支票号为002。

借：银行存款——工行存款(100201)　　　　　　339 000
　　贷：主营业务收入(6001)　　　　　　　　　　　300 000
　　　　应交税费——应交增值税——销项税额(22210102)　39 000

实验步骤

1. 填制凭证(微课视频：WK14)

业务1：辅助核算——现金流量

WK14.flv

(1) 以"002赵静"的身份注册进入企业应用平台，登录日期为2021年1月31日，再进入总账系统。

(2) 执行"凭证"|"填制凭证"命令，进入"填制凭证"窗口。

(3) 单击"增加"按钮或按F5键，出现空白凭证。

(4) 设置凭证类别为"付款凭证"，录入制单日期"2021-01-04"，录入附单据数"1"。

(5) 录入摘要"购买办公用品"，录入科目名称"6601"，借方金额"500"，按Enter键；摘要自动复制到下一行，录入科目名称"1001"，贷方金额"500"，如图3-15所示。

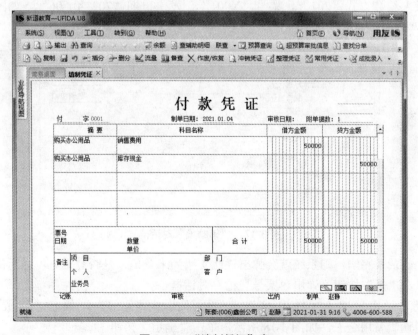

图3-15 "填制凭证"窗口

(6) 单击"保存"按钮,系统自动打开"现金流量录入修改"对话框。在"项目编码"参照中,选择"经营活动"|"现金流出"|"支付的与其他经营活动有关的现金"项目,如图 3-16 所示,单击"确定"按钮返回。

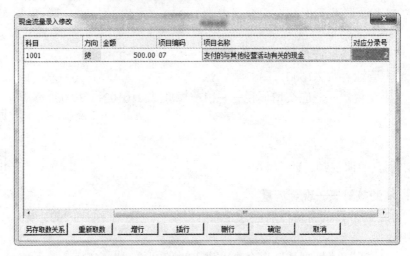

图 3-16 "现金流量录入修改"对话框

(7) 单击"保存"按钮或按 F6 键,系统提示保存成功,单击"确定"按钮。

业务 2:辅助核算——银行科目

(1) 现金和银行存款科目均是现金流量辅助核算科目,但本业务属于现金各项目之间增减变动的业务,不影响现金流量的净额,因此,无须填写现金流量项目。

(2) 在填制凭证过程中,录入银行科目"100201",即可弹出"辅助项"对话框。

(3) 录入结算方式"201",票号"X001",发生日期"2021-01-06",如图 3-17 所示,单击"确定"按钮。

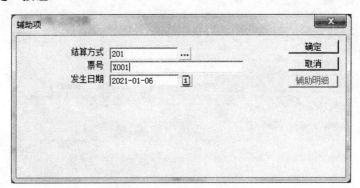

图 3-17 "辅助项"对话框

(4) 凭证录入完毕,则系统就会弹出"此支票尚未登记,是否登记?"提示信息。

(5) 单击"是"按钮,弹出"票号登记"对话框。

(6) 录入领用日期"2021-01-06",领用部门"财务部",姓名"周敏",限额 10 000,用途"备用金",如图 3-18 所示,单击"确定"按钮。

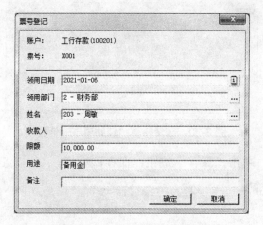

图 3-18 "票号登记"对话框

(7) 单击"保存"按钮,保存该凭证。

业务 3:辅助核算——外币科目

(1) 在填制凭证的过程中,录入外币科目"100202",外币金额"10 000",系统自动显示外币汇率 6.569 7 和本币金额 65 697。

(2) 凭证录入完毕,单击"保存"按钮,保存该凭证。

提示:该笔业务的现金流量项目为"筹资活动"|"现金流入"|"吸收投资所收到的现金"。

业务 4:辅助核算——部门核算、个人往来

(1) 在填制凭证的过程中,录入个人往来科目"122101",弹出"辅助项"对话框。

(2) 录入部门"人事部",个人"刘磊",发生日期"2021-01-12",如图 3-19 所示,单击"确定"按钮。

(3) 凭证录入完毕后单击"保存"按钮,保存该凭证。

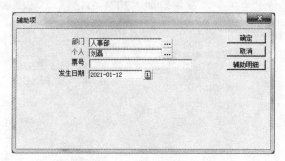

图 3-19 个人往来"辅助项"对话框

提示:该笔业务的现金流量项目为"经营活动"|"现金流入"|"收到的其他与经营活动的现金"。

业务 5:辅助核算——数量核算

(1) 在填制凭证的过程中,录入数量科目"140301",弹出"辅助项"对话框。

(2) 录入数量"30",单价"500",如图 3-20 所示,单击"确定"按钮。

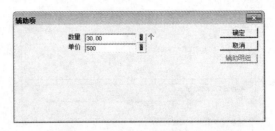

图 3-20 数量核算"辅助项"对话框

(3) 凭证录入完毕,单击"保存"按钮,保存该凭证。

> 提示:该笔业务的现金流量项目为"经营活动"|"现金流出"|"购买商品、接受劳务支付的现金"。

业务 6:辅助核算——项目核算

(1) 在填制凭证的过程中,录入项目核算科目"500101",弹出"辅助项"对话框。

(2) 录入项目名称"台式电脑",如图 3-21 所示,单击"确定"按钮。

图 3-21 项目核算"辅助项"对话框

(3) 凭证录入完毕,单击"保存"按钮,保存该凭证。

业务 7:辅助核算——供应商往来

(1) 在填制凭证的过程中,录入供应商往来科目"2202",弹出"辅助项"对话框。

(2) 录入供应商"易迅公司",发生日期"2021-01-23",如图 3-22 所示。

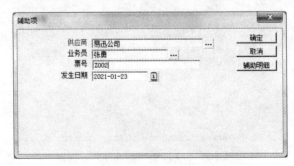

图 3-22 供应商往来"辅助项"对话框

(3) 凭证录入完毕,单击"保存"按钮,保存该凭证。

> 提示:该笔业务的现金流量项目为"经营活动"|"现金流出"|"购买商品、接受劳务支付的现金"。

业务 8：辅助核算——银行科目

(1) 根据实验资料 8 所给的经济业务内容依次录入凭证类别、日期、摘要、借贷方科目、金额。

(2) 录入完毕，单击"保存"按钮，系统提示保存成功。若凭证信息不完整或不符合要求，凭证不能保存，则按系统提示改正后再次保存即可。

提示：该笔业务的现金流量项目为"经营活动"|"现金流入"|"销售商品、提供劳务收到的现金"。

注意事项：

- 若凭证录入的日期在当前会计期间之前，则系统不允许输入；若凭证录入的日期在当前会计期间之后，系统允许输入，但在进行记账处理时，系统只对本期的凭证记账，对以后期间的凭证则不作处理。
- 不同行的摘要可以相同也可以不同，但不能为空。
- 领用支票要登记支票登记簿，收到支票不登记，报销时(即支票使用完毕后)再登记。填制凭证时，就等于报销了支票。
- 凭证一旦保存，其凭证类别、凭证编号将不能再修改。

2. 出纳签字(微课视频：WK15)

(1) 在企业应用平台中执行"重注册"命令，以"003 周敏"的身份注册进入企业应用平台，登录日期为 2021 年 1 月 31 日，再进入总账系统。

WK15.flv

(2) 执行"凭证"|"出纳签字"命令，打开"出纳签字"窗口。

(3) 录入查询条件：选中"全部"单选按钮，再单击"确定"按钮。

(4) 在"出纳签字"凭证列表中双击要签字的凭证，相应凭证即可被打开显示出来。

(5) 对当前显示的凭证审查后，单击"签字"按钮，如图 3-23 所示，完成对该凭证的出纳签字。

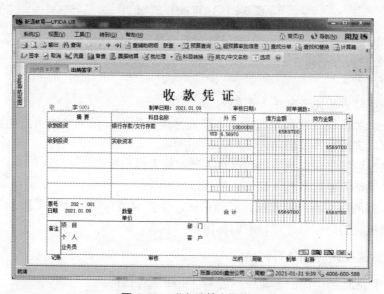

图 3-23 "出纳签字"窗口

(6) 通过单击"上张""下张"按钮找到要签字的其他凭证,进行出纳签字。

(7) 完成出纳签字操作后退出。

3. 审核凭证(微课视频:WK16)

(1) 以"001 王健"的身份重新注册进入企业应用平台,登录日期为 2021 年 1 月 31 日,再进入总账系统。

WK16.flv

(2) 执行"凭证"|"审核凭证"命令,打开"审核凭证"窗口。

(3) 录入查询条件,选中"全部"单选按钮,再单击"确定"按钮。

(4) 在"审核凭证"凭证列表中双击要签字的凭证,相应凭证即可被打开显示出来。

(5) 对当前显示的凭证审查后,单击"审核"按钮,如图 3-24 所示,完成对该凭证的审核签字。

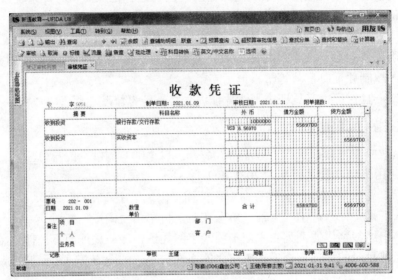

图 3-24 "审核凭证"窗口

(6) 通过单击"上张""下张"按钮找到要审核的其他凭证,进行审核签字。

(7) 完成审核操作后退出。

注意事项:
- 凭证审核人和凭证制单人不能为同一人。
- 凭证一经出纳签字和审核,就不能被修改、删除,只有被取消出纳签字和审核后才可以进行修改或删除。
- 取消出纳签字和审核只能由出纳人和审核人自己操作。
- 作废凭证不能被审核,也不能被标错。
- 已标错的凭证不能被审核,若想审核,需先取消标错后才能审核。只有具有凭证审核权限的操作员才可以取消标错。

4. 记账(微课视频:WK17)

(1) 执行"凭证"|"记账"命令,进入"记账"对话框。

WK17.flv

(2) 录入本次记账范围或单击"全选"按钮，如图3-25所示。

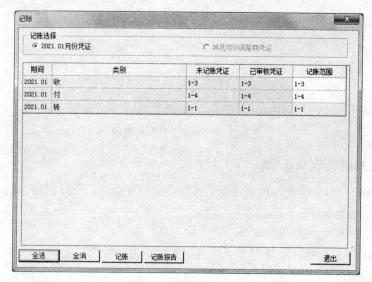

图3-25 "记账"对话框

(3) 单击"记账"按钮，系统自动弹出"期初试算平衡表"对话框，如试算结果平衡，则单击"确定"按钮，系统开始记账。

(4) 系统提示记账完毕，并显示记账报告，单击"退出"按钮即可。

注意事项：
- 未审核的凭证不能记账，但是作废凭证不需审核可直接记账。
- 在第一次记账时，若期初余额试算不平衡，系统将不允许记账。
- 每月记账的次数是任意的。
- 记账范围1~4或1、2、3、4代表凭证的号数，而不是张数。记账范围不写，则默认为与前面审核凭证一致。
- 上月未结账的，本月不能记账。
- 记账过程一旦出现断电、死机或其他原因造成异常中断，系统将自动调用"恢复记账前状态"功能恢复数据，然后重新执行记账功能。平时，用户可在总账管理系统执行"期末"|"对账"命令，进入"对账"窗口，按Ctrl + H组合键，决定是否显示/隐藏菜单中的"恢复记账前状态"功能。

5. 冲销已记账凭证(微课视频：WK18)

(1) 以"002 赵静"的身份重新注册进入企业应用平台，登录日期为2021年1月31日，再进入总账系统。

(2) 执行"凭证"|"填制凭证"命令，进入"填制凭证"窗口。

(3) 执行"制单"|"冲销凭证"命令，打开"冲销凭证"对话框。

(4) 录入要冲销凭证(第1笔经济业务对应的凭证)的所属月份、凭证类别和凭证号后确定，如图3-26所示。

(5) 系统显示生成的红字冲销凭证，审查后单击"保存"按钮，保存红字冲销凭证后

WK18.flv

退出。

图 3-26 "冲销凭证"对话框

6. 恢复记账前状态(微课视频：WK19)

WK19.flv

(1) 以"001 王健"的身份重新注册进入企业应用平台，登录日期为 2021 年 1 月 31 日，再进入总账系统。

(2) 执行"期末"|"对账"命令，进入"对账"窗口。

(3) 按 Ctrl+H 组合键，系统提示"恢复记账前状态功能已被激活"，如图 3-27 所示。

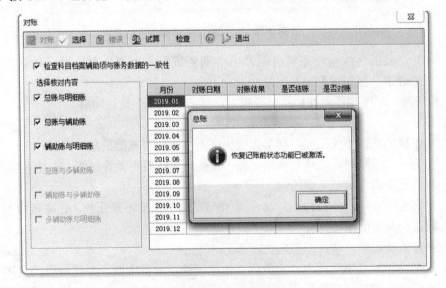

图 3-27 "对账"窗口

(4) 执行"凭证"|"恢复记账前状态"命令。

(5) 恢复方式选择"最近一次记账前状态"或"2021 年 01 月初状态"，如图 3-28 所示，单击"确定"按钮。

(6) 录入主管口令(即账套主管 001 的口令)。

(7) 系统进行记账恢复，直到系统提示恢复完毕。

(8) 单击"确定"按钮返回。

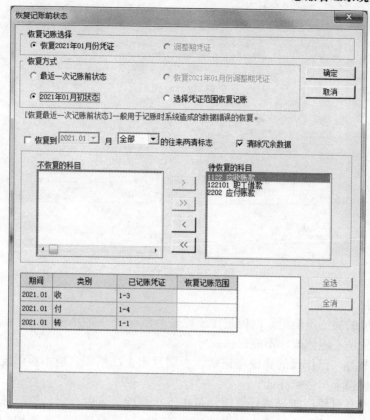

图 3-28 "恢复记账前状态"对话框

7. 查询凭证(微课视频：WK20)

(1) 以"002 赵静"的身份重新注册进入企业应用平台，登录日期为 2021 年 1 月 31 日，再进入总账系统。

(2) 执行"凭证"|"查询凭证"命令，进入"凭证查询"窗口。

(3) 录入查询条件，选择"未记账凭证"，单击"确定"按钮。

(4) 在凭证列表中单击要查看的凭证，相应凭证即可被打开显示出来。

(5) 通过单击"上张""下张"按钮，可以翻看其他凭证，查询完毕后退出。

8. 删除凭证(微课视频：WK21)

(1) 在"填制凭证"窗口中找到要作废的凭证(第 1 笔经济业务生成的红字冲销凭证)并显示在当前窗口。

(2) 执行"制单"|"作废"命令，当前凭证加上"作废"标记，表示该凭证已作废，如图 3-29 所示。

(3) 执行"制单"|"整理凭证"命令，选择要整理的凭证期间"2021.01"，单击"确定"按钮，打开"作废凭证表"对话框。

(4) 选择要删除的作废凭证，该期间的作废凭证被删除，并对剩下的凭证重新编号。

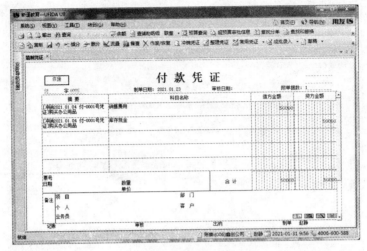

图 3-29 凭证作废

注意事项：
- 未审核的凭证不能记账，但是作废凭证不需审核可直接记账。
- 作废凭证不能修改，不能审核。
- 在记账时，已作废的凭证应记账，否则月末无法结账，但不对作废凭证作数据处理，相当于一张空凭证。
- 如果没有对凭证断号进行整理，可在下次删除凭证时，重新整理凭证断号。或者也可在"选项"窗口选中"自动填补凭证断号"复选框，下次填制凭证时，系统会自动填补凭证断号。

9. 重新记账

重复实验步骤"4.记账"的过程，完成记账。

10. 账簿查询(微课视频：WK22)

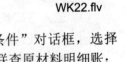

WK22.flv

(1) 以"002 赵静"的身份进入总账系统。

(2) 执行"账表"|"科目账"|"总账"命令，打开"总账查询条件"对话框，选择"原材料"科目，查看原材料总账；选中某条目单击"明细"按钮，联查原材料明细账；双击明细账记录，联查凭证。

(3) 执行"账表"|"科目账"|"余额表"命令，打开"发生额及余额查询条件"对话框，查看发生额及余额表。

(4) 执行"账表"|"客户往来辅助账"|"客户往来明细账"|"客户明细账"命令，选择客户(时代公司)，查看客户明细账。

(5) 以"003 周敏"的身份重新注册进入总账系统，执行"出纳"|"银行日记账"命令，选择"工行存款"和期间"2021.01"，查看银行日记账。

11. 账套备份

(1) 在硬盘上建立"实验三 总账管理系统日常处理"文件夹。

(2) 将账套数据备份输出至"实验三 总账管理系统日常处理"文件夹中。

实验四 总账管理系统期末处理

实验目的

- 熟悉总账管理系统期末处理的主要内容。
- 掌握总账管理系统期末处理的操作方法。

实验内容

- 银行对账。
- 自动转账。
- 期末结账。

实验准备

录入实验三的账套备份数据或在 U 盘上引入已备份的实验三的账套数据。

实验要求

- 001(王健)负责审核凭证、记账、期末结账的操作。
- 002(赵静)负责自动转账的操作。
- 003(周敏)负责银行对账的操作。

实验资料

1. 银行对账期初数据

鑫创公司银行账户的启用日期为 2021 年 1 月 1 日,工行人民币户企业日记账调整前余额为 500 000 元,银行对账单调整前余额为 485 000 元,未达账项一笔,属 2020 年 12 月 29 日银行已付企业未付款 15 000 元。

2. 2021 年 1 月银行对账单

2021 年 1 月银行对账单如表 3-9 所示。

表 3-9 2021 年 1 月银行对账单

日　期	结算方式	票　号	借方金额	贷方金额
2021.01.08	201	X001		10 000
2021.01.10				75 000
2021.01.25	202	Z001		52 650
2021.01.26	202	2002	234 000	
2021.01.27	202	002	339 000	

3. 自动转账

(1) 将期间损益转入"本年利润"。

(2) 计算本月应缴纳的所得税。

借：所得税费用(6801)　　　QM(4103,月,贷)*0.25

　　贷：应交税费——应交所得税(222102)　　　JG()

(3) 结转本月"所得税费用"。

借：本年利润(4103)　　JG()

　　贷：所得税费用(6801)　QM(4103,月,贷)*0.25

实验步骤

1. 银行对账(微课视频：WK23)

WK23.flv

(1) 以"003 周敏"的身份注册进入企业应用平台，登录日期为 2021 年 1 月 31 日，再进入总账系统。

(2) 执行"出纳"|"银行对账"|"银行对账期初录入"命令，选择"工行存款"科目，进入"银行对账期初"窗口，根据实验资料"1. 银行对账期初数据"录入银行对账期初数据，如图 3-30 所示。

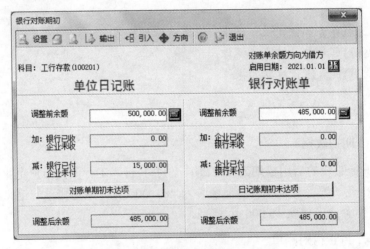

图 3-30　"银行对账期初"窗口

(3) 执行"出纳"|"银行对账"|"银行对账单"命令，选择"工行存款"科目，进入"银行对账单"窗口，根据实验资料"2. 2021 年 1 月银行对账单"录入 2021 年 1 月的银行对账单数据。

(4) 执行"出纳"|"银行对账"|"银行对账"命令，进入"银行对账"窗口，选择"工行存款"科目，系统显示单位日记账记录和银行对账单记录。单击"对账"按钮，录入对账条件，由系统自动勾对，为已达账项的"两清"栏打上〇标记，如图 3-31 所示；对于使用完自动对账还没有勾销的已达账项，可以进行手工勾销，手工对账的标志是在"两清"栏上打上"Y"标记。

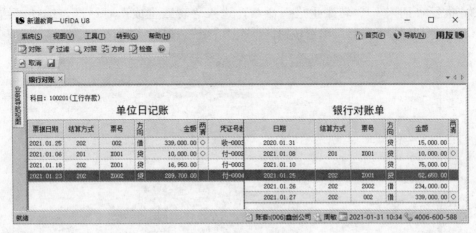

图 3-31 "银行对账"窗口

(5) 执行"出纳"|"银行对账"|"余额调节表查询"命令，进入"银行存款余额调节表"窗口，双击"工行存款"科目，系统显示对账后的银行存款余额调节表。

(6) 执行"出纳"|"银行对账"|"核销银行账"命令，删除已两清的单位日记账记录和银行对账单记录。

2. 自动转账(微课视频：WK24)

(1) 以"002 赵静"的身份重新注册进入企业应用平台，登录日期为 2021 年 1 月 31 日，再进入总账系统。

(2) 执行"期末"|"转账定义"|"期间损益"命令，进入"期间损益结转设置"对话框，选择凭证类别和本年利润科目，单击"确定"按钮，如图 3-32 所示，完成期间损益转账定义。

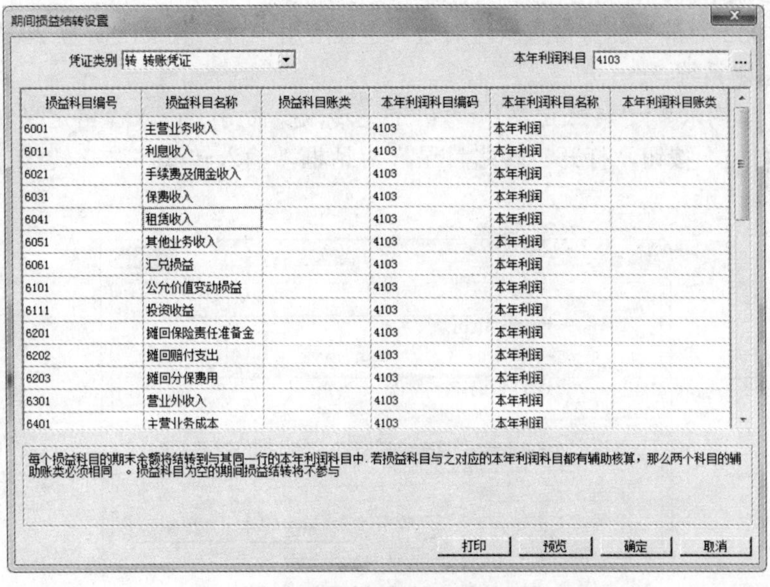

图 3-32 "期间损益结转设置"对话框

(3) 执行"期末"|"转账生成"命令,进入"转账生成"对话框,选择"结转月份",选中"期间损益结转"单选按钮,单击"全选"按钮,如图3-33所示。

图3-33 "转账生成"对话框

(4) 确定后即可生成所需的结转期间损益的转账凭证,保存后退出。

借:主营业务收入(6001)　　　　300 000
　　贷:本年利润(4103)　　　　　　　291 500
　　　　销售费用(6601)　　　　　　　　　　500
　　　　管理费用——差旅费(660202)　　8 000

(5) 以"001 王健"的身份重新注册进入企业应用平台,登录日期为2021年1月31日,再进入总账系统,将期间损益结转生成的凭证审核并记账。

(6) 以"002 赵静"的身份重新注册进入企业应用平台,登录日期为2021年1月31日,再进入总账系统。

(7) 执行"期末"|"转账定义"|"自定义转账"命令,进入"自定义转账设置"窗口,单击"增加"按钮,打开"转账目录"对话框,输入转账序号、转账说明和凭证类别,如图3-34所示。

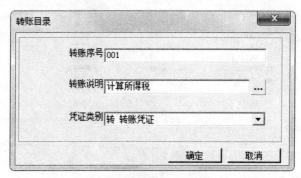

图3-34 "转账目录"对话框

(8) 单击"确定"按钮,在"自定义转账设置"窗口,单击"增行"按钮,根据实验资料"3.自动转账"定义"计算本月应缴纳的所得税"和"结转本月所得税费",如图 3-35、图 3-36 所示。

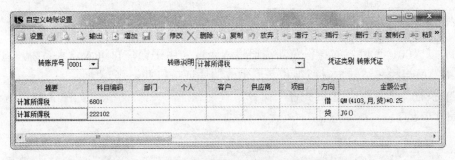

图 3-35 "自定义转账设置"窗口——计算所得税

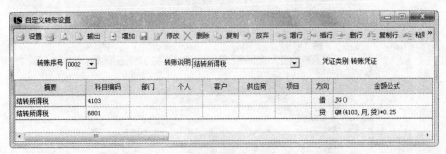

图 3-36 "自定义转账设置"窗口——结转所得税

(9) 执行"期末"|"转账生成"命令,进入"转账生成"对话框,选择"结转月份",选中"自定义转账"单选按钮,对需要结转的转账凭证在"是否结转"栏上双击打上"Y"标记,如图 3-37 所示。

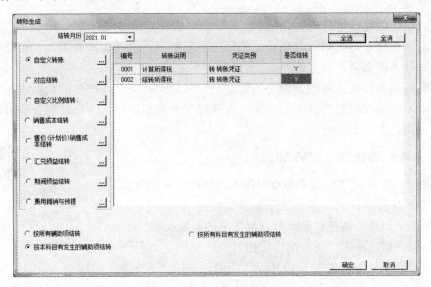

图 3-37 自定义"转账生成"对话框

(10) 确定后生成以下凭证，保存后返回。

借：所得税费用(6801)　　　　　　　　　　72 875

　　贷：应交税费——应交所得税(222102)　　72 875

借：本年利润(4103)　　　72 875

　　贷：所得税费用(6801)　　　72 875

(11) 以"001 王健"的身份重新注册进入企业应用平台，再进入总账系统，将计算本月应缴纳的所得税和结转本月所得税费用生成的凭证审核并记账。

(12) 执行"凭证"|"查询凭证"命令，查询凭证，共计 11 张，如图 3-38 所示，合计金额为 1 179 597。

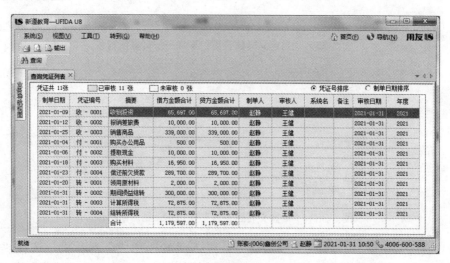

图 3-38　查询凭证

注意事项：
- 自动转账凭证每月只生成一次。
- 期末转账业务大多数要从会计账簿中提取数据，这就要求有关人员在处理期末转账业务前必须将其他业务先登记入账。
- 有些期末转账业务的金额必须依据另一些期末转账业务产生的数据进行计算，所以，在生成转账凭证时必须注意业务发生的先后次序，否则计算金额时就会发生差错。

3. 期末结账(微课视频：WK25)

(1) 执行"期末"|"结账"命令，进入"结账"对话框。

(2) 选择 2021 年 1 月，单击"下一步"按钮。

(3) 单击"对账"按钮，系统进行结账前的对账工作。

(4) 对账完毕，单击"下一步"按钮。

(5) 查看月度报告，如图 3-39 所示。正确后单击"下一步"按钮。

WK25.flv

图 3-39 "结账"对话框

(6) 单击"结账"按钮,完成结账。

注意事项:
- 结账必须逐月进行,上月未结账,本月不能结账,但可以填制、审核凭证。
- 每月对账正确后,才能结账。
- 如果与其他系统联合使用,其他系统未全部结账,本系统不能结账。
- 已结账月份不能再填制凭证。
- 每月结账的次数只有一次。
- 在结账向导中,选择要取消结账的月份,按 Ctrl+Shift+F6 组合键可取消结账操作。
- 结账只能由有结账权限的操作员执行。

4. 账套备份

(1) 在硬盘上建立"实验四 总账系统期末处理"文件夹。
(2) 将账套数据备份输出至"实验四 总账系统期末处理"文件夹中。

思考与练习

1. 如何利用辅助核算功能规划企业的会计科目体系?
2. 指定会计科目的意义何在?
3. 总账管理系统中,凭证输入、审核和记账后,其修改方式各有什么特点?
4. 在实际工作中,利用自动转账功能生成凭证有何意义?
5. 何时会用到反记账?如何进行反记账处理?

第四章 报表管理系统的应用

【学习目标】
- 了解报表管理系统的种类
- 熟悉报表管理系统的工作流程和报表的基本概念
- 掌握自定义报表和利用报表模板生成财务报表的操作方法

报表管理系统作为会计核算软件的重要组成部分,提供了符合国家会计制度统一规定的自动编制报表的功能,这样就可以根据用户事先的定义和设置自动生成所需的会计报表,使财会人员从繁重的手工编制报表的劳动中解脱出来,从而大大提高工作效率。

第一节 报表管理系统概述

一、报表管理系统的种类

目前,我国绝大多数单位使用计算机编制会计报表,通常使用两类报表处理软件。

(一)通用会计报表处理系统

通用会计报表系统是会计软件本身配备的报表处理系统。它除了提供报表生成功能外,还为用户提供了一套对报表进行维护、加工处理的完整体系,甚至针对不同行业编制了一系列常用的报表,供用户选择使用。这些软件的格式设计和数据处理功能强大、安全性与保密性好、可靠性高,基本能满足企业会计报表数据处理和管理的需要。

(二)专用会计报表处理系统

专用会计报表系统是为使用报表系统的行业设计开发的专用报表处理系统。这种系统专用性强、运行速度快、使用简便,但只能编制规定的专门报表,通用性较差。

二、报表管理系统的工作流程

下面以用友 UFO 报表软件为例,说明报表管理系统的工作流程,如图 4-1 所示。

(一)新建报表

进入报表处理系统后,必须先通过"新建报表"功能来新建一张空白报表,报表名默认为 report1。

(二)自定义报表

1. 报表格式设计

新建报表后,首先应该定义报表数据的载体——报表格式。不同的报表,格式定义的内容也不尽相同,但一般情况下,报表格式定义应该包括设置报表尺寸、组合单元、画表格线、调整行高列宽、设置字体和颜色、设置显示比例等。

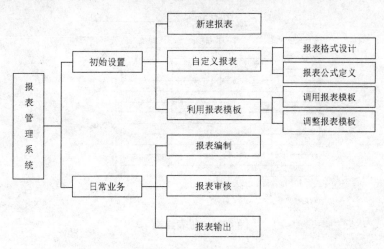

图 4-1 报表管理系统工作流程

2. 报表公式的定义

由于各种报表之间存在着密切的数据间的逻辑关系,所以报表中各种数据的采集、运算的钩稽关系的检测会使用不同的公式,报表公式主要有计算公式、审核公式和舍位平衡公式。

(三)利用报表模板

通常为了方便用户,除了可以自定义报表外,软件还提供了利用标准报表模板报表的操作模式。即在调用已存报表模板的基础上,根据需要再修改报表格式或报表公式,形成调整后的报表模板。

(四)报表编制

根据报表格式文件中提供的报表样式和报表取数公式,通过报表编制功能生成相应的外部报表和内部报表文件,并根据需要进行报表汇总和报表合并。

(五)报表审核

为了保证报表间数据各项钩稽关系的正确无误,通常用审核关系来验证报表。

(六)报表输出

报表输出是指除了在屏幕上显示已编好的报表外,还要打印输出已编制的报表。打印报表时,可以设置打印格式或数据,可以设置表头和表尾,可以在实际大小的 0.3～3 倍缩放打印,可以横向或纵向打印等。

三、基本概念

(一)报表结构

报表结构是指一张报表由哪些要素组成。一张报表通常被划分为四部分,即标题、表头、表体和表尾,如图 4-2 所示。

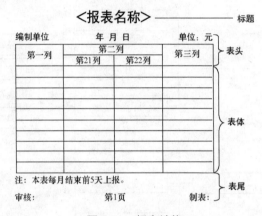

图 4-2　报表结构

1. 标题

标题用来表示报表的名称。报表的标题可能占一行或多行,有的报表除了正标题外,还有副标题或修饰线等内容。

2. 表头

表头主要用来表示报表的编制单位、日期、计量单位、栏目名称等内容。其中,栏目名称是表头中最重要的内容,它定义了该报表的列。

3. 表体

表体是一张报表的核心,它是报表数据的主要区域,是报表的主体。表体横向分为若干栏目,纵向分为若干列。表体中存在两类单元:一类是固定单元,即其值不会随着时间的推移而变化,这类单元格通常记载报表项目的名称;另一类是变动单元,即其值会随着时间的推移而变化,这类单元格通常记载报表项目的具体数值。

4. 表尾

表尾指表体以下进行辅助说明的部分以及报表编制人、审核人等内容。

(二)报表状态

在报表管理系统中,通常可分为格式设计和数据处理两种状态,这两种状态可以通过报表工作区左下角的"格式/数据"按钮转换。

1. 格式状态

在格式设计状态下只能进行报表格式的设计,如设计尺寸、行高与列宽、单元属性、单元风格、组合单元、关键字和定义报表的单元公式(计算公式)、审核公式及舍位平衡公式。在格式状态下不能进行报表数据的处理,如数据的录入、计算等操作。

2. 数据状态

在数据处理状态下只能进行报表数据的处理,如输入数据、增加或删除表页、审核、舍位平衡、制作图形、汇总、合并报表等。在数据状态下不能修改报表的格式。

(三)报表文件

报表文件是用于存放各类报表的文件,其后缀为.rep。在用友软件中,"新建""打开""保存"命令都是针对报表文件进行的操作。一般一个报表文件用于管理一类报表,如利润表.rep、资产负债表.rep 等。

(四)报表表示

在报表管理系统中,对构成报表的要素具有明确的表示方法。

1. 表页

在用友财务软件的一个报表文件中,可以将格式相同而数据不同的不同期间、不同单位的报表都以表页的形式加以保存。通常,一个报表文件中可容纳 99 999 张表页。表页的地址通常表示为@<页号>,其中页号为数字,如@2 表示当前表的第 2 页。

2. 单元

单元是行和列交叉组成的最小区域,通常用<列标+行号>表示其地址。其中:行号用数字(1~9 999)表示,列标用字母(A~IU)表示,如 A2 表示第 1 列和第 2 行相交的单元。

在用友软件中,要确定一个单元,除标出其所在的行、列外,还应指出其所属的报表和表页。这样,单元完整的表示方法为"报表名"→<列标+行号>@<页号>。如"利润表"→D10@2,表示利润表文件的第 2 页上第 4 列第 10 行的单元。

单元类型有数值单元、字符单元和表样单元三种,如表 4-1 所示。

表 4-1 单元类型

单元类型	输入内容	输入状态	输入方式
数值单元	数字	数据状态	直接输入 由单元公式运算生成
字符单元	汉字、字母、数字及各种符号	数据状态	直接输入 由单元公式运算生成
表样单元	一个没有数据的空表所需的 所有文字、符号或数字	格式状态	直接输入

3. 区域

区域是由一张表页上的相邻单元组成的。最大的区域是整个表页，最小的区域是一个单元。区域的地址通常表示为：<该区域内左上角单元:右下角单元>。例如，A3:D5 表示第 3 行到第 5 行且在 A 到 D 列之间的区域。

4. 关键字

关键字是用于定位表页的一个关键标识，它是游离于单元之外的特殊数据单元。通过关键字可以快速地在大量表页中选择表页。用友软件中提供了六种关键字的定义，即单位名称、单位编号和年、季、月、日。关键字的显示位置在格式状态下设置，关键字的值则在数据状态下录入。

第二节　报表管理系统初始设置

编制报表时，对于内部报表而言，由于其特殊性，用户无法利用软件提供的模板生成报表，因此需要经过新建报表、报表格式设计和报表公式定义等操作而完成自定义报表；对于外部报表，由于多数会计软件都提供了外部报表(如资产负债表、利润表等)的模板，因此，用户可以在定义了编报日期的基础上直接利用报表模板生成相应的报表。

一、新建报表

进入报表管理系统后，执行"文件"|"新建"命令，将出现一张空白报表，并进入格式设计状态；对一张以前保存过的报表，执行"文件"|"打开"命令，输入报表文件名，将进入格式设计状态，可对报表的格式进行修改。

二、自定义报表

(一)报表格式设计

格式对整个报表都有效，报表的格式设计是在格式状态下完成的，具体包括以下操作步骤。

1. 设置报表尺寸

设置报表尺寸是指定义报表的大小，即设定报表的行数和列数。设置报表尺寸时，在"自定义报表"窗口中执行"格式"|"表尺寸"命令，输入行数和列数即可。

2. 定义行高、列宽

自定义报表时，报表的行高和列宽是按默认方式显示的，如果报表中某些单元的行或列有特殊要求，则需要调整该行的行高或该列的列宽。一般执行"格式"|"行高"或"列宽"命令，即可完成相应的调整。

3. 画表格线

报表的尺寸设置完成之后，在数据状态下，该报表是没有任何表格线的，为了满足查

询和打印的需要，还需要画表格线。选中需画线的区域，执行"格式"|"区域画线"命令，即可按指定方式画线。

4. 定义组合单元

在自定义报表中，有些内容如标题、编制单位、日期及货币单位等信息可能一个单元容纳不下，所以为了实现这些内容的输入和显示，需要定义组合单元。选择需合并的区域，执行"格式"|"组合单元"命令，系统即可将所选区域合并为一个单元。

5. 输入表间项目

报表表间项目指报表的文字内容，主要包括表头内容、表体项目和表尾项目(关键字除外)。

6. 设置单元属性

为了使报表符合阅读习惯，并且美观清晰，需设置单元属性。单元属性包括单元类型(数值型、字符型、表样型)，数字格式(逗号、百分号、货币符号、小数位数)，单元格字体、字形、字号，颜色图案，对齐方式和边框线等。选中需设置的单元，执行"格式"|"单元属性"命令，即可进行相关设置。

7. 设置关键字

为了便于报表的管理，需确定关键字在表页上的位置，以便在表页之间建立关联或对表页进行查找、排序等操作。关键字主要有六种，即单位名称、单位编号和年、季、月、日，另外，还可以自定义关键字。用户可以根据自己的需要设置相应的关键字。

关键字应在格式状态下设置，关键字的值则在数据状态下录入。设置关键字时，应先选定某一单元，而后执行"数据"|"关键字"|"设置"命令，进入"设置关键字"对话框进行设置，设置过关键字的单元将以红色显示。

(二)报表公式定义

在报表管理系统中，不同的数据单元、表页以及各种报表之间存在着一定的数据间的逻辑关系，所以报表中各种数据的采集、运算的钩稽关系的检测就会使用不同的公式，主要有计算公式、审核公式和舍位平衡公式。

1. 计算公式

计算公式也称单元公式，是定义报表中数据生成来源的运算公式。定义计算公式的方法有直接输入公式和引导输入公式两种。

直接输入公式就是在报表数值单元中输入"="，然后直接输入计算公式；引导输入公式首先选择要设置公式的单元，然后执行"数据"|"编辑公式"|"单元公式"命令，打开"定义公式"对话框，单击"函数向导"按钮，打开"函数向导"对话框，按照对话框的引导选择合适的参数，直到公式定义完毕，最后单击"确定"按钮即可。

利用计算公式，可以取本表页的数据和其他表页的数据，也可以取其他报表中的数据。

(1) 本表表页取数公式。基本格式为=单元1+单元2+…

对于表内取数公式，除按照上述公式设置外，还可以结合如表4-2所示的函数一起使用。

表 4-2 主要本表表页取数函数

函 数 名	公 式
求和公式	PTOTAL(起始单元:终止单元)
求平均值	PAVG(起始单元:终止单元)
计数公式	COUNT(起始单元:终止单元)
求最大值	PMAX(起始单元:终止单元)
求最小值	PMIN(起始单元:终止单元)

例如：

=C4+C5-C7，表示 C4 单元数与 C5 单元数之和减 C7 单元数。

= PTOTAL(C2:F10)，表示求 C2 到 F10 范围内所有单元的总和。

(2) 本表其他表页取数公式。对于取自于本表其他表页的数据，如上月同期数、本年累计数等，可以直接以页号作为定位依据或者利用某个关键字作为表页定位的依据，指定取某张表页的数据。

① 取确定页号表页的数据。基本格式为=<单元/区域> @<页号>

例如：

=D3@2，表示选取第二张表页的 D3 单元的数据。

② 用 SELECT 函数从本表他页取数。基本格式为=SELECT(单元/区域,关联条件)

其中，关联条件的表达形式一般为"关键字@=关键字"，若存在多个关联条件时，可通过"and"连接。

例如：

= SELECT (B2,月@=月+1)，表示从上个月的表页中取出 B2 单元的数据。

= SELECT (D4,年@=年+1 and 月@=月+1)，表示从上一年、上一月的表页中取出 D4 单元的数据。

(3) 报表之间取数公式。基本格式为="报表名"→单元 RELATION 关键字 WITH"报表名"→关键字表达式

例如：

="利润表"→C5 RELATION 月 WITH"利润表"→月

表示从当月的利润表文件中取出 C5 单元的数值。

2. 审核公式

一般的报表中，有关项目之间或同其他报表之间存在一定的钩稽关系，用户可以利用这种关系定义报表的审核公式，并以此来检验报表编制的正确性。

执行"数据"|"编辑公式"|"审核公式"命令，弹出"审核公式"对话框。在编辑栏中，根据范例为报表定义审核公式即可。

审核公式的格式一般为<表达式 MESS "提示信息">

其中，"提示信息"是当审核关系不满足时，系统显示的内容。

例如：

D43=H43 MESS "资产负债表不平衡！"

3. 舍位平衡公式

舍位平衡公式是用来重新调整报表数据最后进位的平衡公式。如将以"元"为单位的报表数据变成以"万元"为单位的报表数据，且表中的平衡关系仍然成立。

执行"数据"|"编辑公式"|"舍位公式"命令，进入"舍位平衡公式"窗口，输入舍位的表名、舍位范围、舍位位数以及平衡公式即可。

三、利用报表模板

(一)调用报表模板

用友 UFO 报表提供了各个行业的各种标准的财务报表，用户可以根据所在行业挑选相应的报表，套用其格式及计算公式。当然用户也可以通过执行"格式"|"自定义模板"命令，将自定义的报表设置成模板，以方便以后多次使用。

执行"格式"|"报表模板"命令，打开"报表模板"对话框，在"报表模板"对话框中选取行业和财务报表名，确认后，就可以生成一张空白标准财务报表。当前报表套用标准财务报表模板后，原有内容将丢失。

(二)调整报表模板

在格式状态下，可以根据本单位的实际情况，修改报表格式和报表公式，保存调整后的报表模板。

第三节 报表管理系统日常处理

报表管理系统的日常处理主要包括报表编制、报表审核和舍位操作以及报表输出。

一、报表编制

按照报表管理系统的操作流程，当报表的格式和公式全部定义完成后，就可以生成报表了。生成报表的过程是在人工控制下由计算机自动完成的，即利用已经设置好的报表结构文件，指定编制报表的日期，根据预先定义的报表取数公式从相应的数据源中采集数据，填入相应的单元中，从而生成相应会计期间的报表。通常，报表编制需经过以下几个步骤。

(一)打开报表

启动 UFO 报表管理系统，执行"文件"|"打开"命令，选择已建立的报表文件(.rep)。

(二)增加表页

在用友软件中，报表以表页的方式实现同一格式的多张报表的管理。打开报表后，在数据状态下，系统默认只有一张表页，由于资产负债表和利润表每月都要编制，所以为满足每月编制报表的需要，要增加表页。增加表页可通过"编辑"菜单的插入表页和追加表页两种方式来完成。

(三)录入关键字

关键字是表页定位的特定标识,在格式状态下设置完成关键字以后,只有在数据状态下对其实际赋值才能真正成为表页的鉴别标识,为表页间、表间的取数提供依据。

在数据状态下,执行"数据"|"关键字"|"录入"命令,打开"录入关键字"对话框,即可在设置好的关键字中依次录入数值。

(四)整表重算

录入关键字后,系统会自动显示报表数据。若没有自动显示,则可以执行"数据"|"整表重算"或"表页重算"命令,然后确定是否重算,即可完成整表或整页的计算。

(五)保存报表

为了便于将来查询,一般都要执行"文件"|"保存"命令,将已编制好的报表保存。

二、报表审核及舍位操作

(一)报表审核

报表审核就是根据事先定义的审核公式,对所生成的报表进行钩稽关系的检查。在数据处理状态下,执行"数据"|"审核"命令,计算机即可自动审核报表。若报表数据不符合钩稽关系,屏幕上会出现用户预先设定的出错提示信息,如"资产负债表不平衡!",此时需修改错误数据,并重新计算和再次审核,直到无错误提示;若报表数据符合钩稽关系,屏幕上则不会出现提示信息,系统状态栏会提示"审核完全正确!"。

(二)舍位操作

报表的舍位操作并不是必需的,若报表的数据较大或者在汇总报表时,数据位数不统一,才需进行舍位操作。在数据状态下,执行"数据"|"舍位平衡"命令,系统将自动根据舍位平衡公式对指定的区域进行舍位操作,并将舍位平衡后的数据存入调整后的舍位表。如果舍位公式有误,系统状态栏会提示"无效命令或错误参数!"。

三、报表输出

(一)报表查询

在报表管理系统中,会计人员通过查询功能可以快速、全面地查阅不同时期、不同类型的系统生成的各种报表。系统会将找到的报表显示到屏幕上,供使用者浏览,从而满足使用者的需求。

(二)网络传送

为了节省报表报送部门的人力、物力、财力,可以通过计算机网络传输各种报表,即将报表生成 html 网页文件,发布在企业内部网或互联网上,这样各个工作站就可以方便、快捷地查看所需的相关报表,从而极大地提高会计数据的时效性和准确性。

(三)报表打印

在实际工作中,需要把编制好的报表打印出来作为会计档案加以保管。报表管理系统提供了良好的打印功能,不仅可以打印出空白样表、计算公式和审核公式,而且可以打印编制好的报表,从而得到满足用户需求的各种报表。

实验五 UFO 报表管理

实验目的

- 熟悉 UFO 报表管理系统中自定义报表和利用报表模板生成报表的基本原理。
- 掌握自定义报表的编制方法及步骤。
- 掌握利用报表模板编制报表的方法及步骤。

实验内容

- 自定义一张报表。
- 利用报表模板生成报表。

实验准备

录入实验四的账套备份数据或在 U 盘上引入已备份的实验四的账套数据。

实验要求

001(王健)负责编制报表的操作。

实验资料

1. 自定义一张货币资金表

自定义一张货币资金表,如表 4-3 所示。

表 4-3 货币资金表

编制单位:　　　　　　　　　　　年　月　日　　　　　　　　　　　单位:元

项　目	行　次	期　初　数	期　末　数
库存现金	1		
银行存款	2		
合计	3		

制表人:

2. 生成资产负债表、利润表和现金流量表

利用报表模板生成资产负债表、利润表和现金流量表。

实验步骤

1. 自定义一张货币资金表

1) 设计货币资金表的格式(微课视频：WK26)

WK26.flv

(1) 以"001 王健"的身份注册登录企业应用平台，登录日期为 2021 年 1 月 31 日，在"业务工作"选项卡中执行"财务会计"|"UFO 报表"命令，进入报表管理系统。

(2) 执行"文件"|"新建"命令，生成一张空白报表，进入格式设计状态。

(3) 执行"格式"|"表尺寸"命令，打开"表尺寸"对话框，录入行数"7"、列数"4"。

(4) 执行"格式"|"行高"命令，打开"行高"对话框，设置合适的行高。

(5) 执行"格式"|"列宽"命令，打开"列宽"对话框，设置合适的列宽。

(6) 选中区域 A3:D6，执行"格式"|"区域画线"命令，打开"区域画线"对话框，设置表格线。

(7) 选中区域 A1:D1，执行"格式"|"组合单元"命令，打开"组合单元"对话框，实现标题行单元格的组合。同理，定义 A2:D2 为组合单元。

(8) 录入货币资金表中的项目内容。

(9) 执行"格式"|"单元属性"命令，设置单元类型、单元格字体、字号、颜色、对齐方式、边框线等属性。

(10) 选择需放置"编制单位"的单元格，执行"数据"|"关键字"|"设置"命令，进入"设置关键字"对话框，设置关键字为单位名称，如图 4-3 所示，按照同样的方法设置"年""月"和"日"关键字，设置过关键字的单元将以红色显示。执行"数据"|"关键字"|"偏移"命令调整其到合适位置。

注意事项：

- 建立新表后，将得到一张系统默认格式的空表，报表名默认为 report1.rep。
- 新报表建立后，默认的状态栏为格式状态。
- 设置关键字时，每次只能指定一种关键字。若本表中需要同时设置多种关键字时，则需要重复操作。
- 若想取消已设置的关键字，则需要执行"数据"|"关键字"|"取消"命令。
- 若设置的关键字重叠在一起，则需要执行"数据"|"关键字"|"偏移"命令调整其位置。偏移量设置为负数表示向左移，正数表示向右移。

图 4-3 "设置关键字"对话框

2) 设置货币资金表计算公式(微课视频：WK27)

(1) 直接输入公式。

① 选中"库存现金"行对应的"期初数"栏单元格 C4，执行"数据"|"编辑公式"|"单元公式"命令，打开"定义公式"对话框。

WK27.flv

② 直接输入函数公式"QC ("1001",月)"，单击"确认"按钮。

(2) 引导输入公式。

① 选中"银行存款"行对应的"期末数"栏单元格 D5，单击 fx 按钮，打开"定义公式"对话框。

② 单击"函数向导"按钮，打开"函数向导"对话框。

③ 在"函数分类"列表中选择"用友账务函数"选项，在"函数名"列表中选择"期末(QM)"选项，单击"下一步"按钮，打开"用友账务函数"对话框。

④ 单击"参照"按钮，打开"账务函数"对话框，如图 4-4 所示，选择"1002 银行存款"科目，其余各项均采用系统默认值。

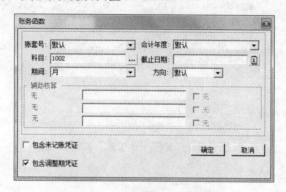

图 4-4　"账务函数"对话框

⑤ 参数设置完后单击"确定"按钮，返回"定义公式"对话框，单击"确认"按钮，单元格中显示"公式单元"字样，表示已经定义了"银行存款"本月数的计算公式，单击该单元格，可在编辑框中看到公式为"=QM("1002",月)"。

⑥ 同理，按照以上的操作步骤录入其他单元中的计算公式。

注意事项：

在输入单元公式时，凡是涉及符号的均须输入英文半角字符，否则系统将认为公式输入错误而不能被保存。

3) 设置货币资金表审核公式

(1) 执行"数据"|"编辑公式"|"审核公式"命令，打开"审核公式"对话框。

(2) 录入审核公式，如图 4-5 所示。

(3) 单击"确定"按钮。

注意事项：

审核公式在格式状态下编辑，在数据状态下执行。

4) 设置货币资金表舍位平衡公式

(1) 执行"数据"|"编辑公式"|"舍位公式"命令，打开"舍位平衡公式"对话框。

(2) 录入舍位表名"SW1",舍位范围"C4:D6",舍位位数"4",平衡公式如图4-6所示。

图4-5 "审核公式"对话框

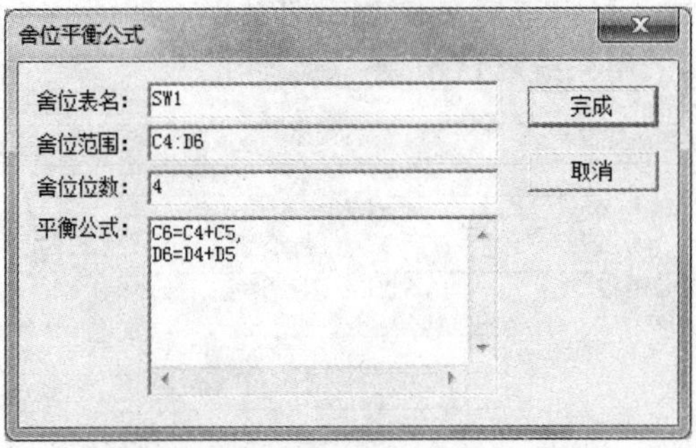

图4-6 "舍位平衡公式"对话框

单击"完成"按钮即可。

注意事项:
- 每个公式一行,各公式之间用","(半角)隔开,最后一条公式不写逗号,否则公式无法执行。
- 等号左边只能为一个单元。
- 舍位公式中只能使用"+""-"符号,不能使用其他运算符及函数。

5) 保存货币资金表格式

执行"文件"|"另存为"命令,选择存储路径,修改文件名为"货币资金表.rep",完成货币资金表格式的保存。

6) 生成2021年1月货币资金表数据并保存生成的货币资金表

(1) 执行"文件"|"打开"命令,选择已保存的"货币资金表.rep"文件。

(2) 在数据状态下,执行"编辑"|"追加"|"表页"命令,打开"追加表页"对话框,录入追加表页数量为"2",单击"确认"按钮。

(3) 执行"数据"|"关键字"|"录入"命令,打开"录入关键字"对话框,如图4-7所示,录入单位名称为"鑫创公司",年为"2021",月为"01",日为"31",单击"确认"按钮,不重算第1页返回。

(4) 执行"数据"|"表页重算"命令,单击"是"按钮,即可完成数据计算任务,显示计算结果,如图4-8所示。

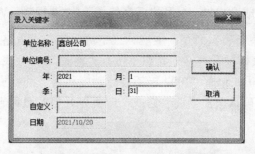

录入关键字
单位名称: 鑫创公司
单位编号:
年: 2021
月: 1
季: 4
日: 31
自定义:
日期 2021/10/20
确认
取消

图 4-7 “录入关键字”对话框

UFO报表 - [货币资金表]
文件(F) 编辑(E) 格式(S) 数据(D) 工具(T) 窗口(W) 帮助(H)
B7@1
货币资金表
单位名称：鑫创公司
2021 年 1 月 31 日
单位：元
项目
行次
期初数
期末数
库存现金
1
20000.00
31500.00
银行存款
演示数据
2
850000.00
938047.00
合计
3
870000.00
969547.00
制单人：
王健
数据
准备
账套:[006]鑫创公司
操作员:王健(账套主管)

图 4-8 生成的货币资金表

(5) 执行“文件”|“另存为”命令，选择存储路径，修改文件名为“2021 年 1 月货币资金表.rep”，完成货币资金表数据的保存。

7) 报表审核操作

在数据状态下，执行“数据”|“审核”命令，在状态栏提示“完全正确”。

8) 报表舍位操作

在数据状态下执行“数据”|“舍位平衡”命令，系统自动根据前面定义的舍位公式进行舍位操作；切换到格式状态下，将单位“元”改为“万元”，并将舍位后的报表保存在 SW1.rep 文件中，如图 4-9 所示。

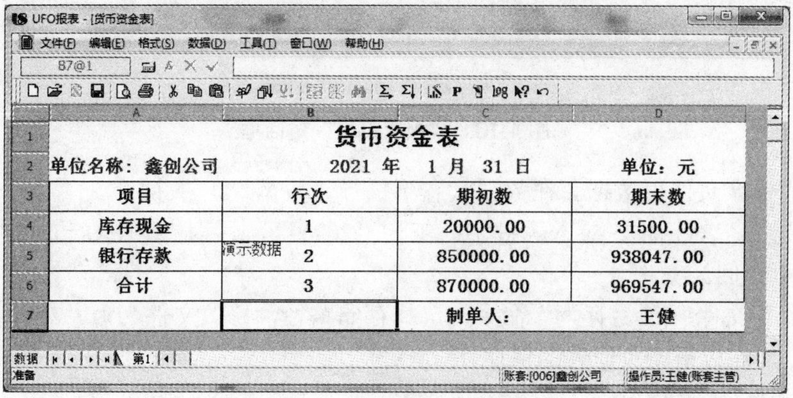

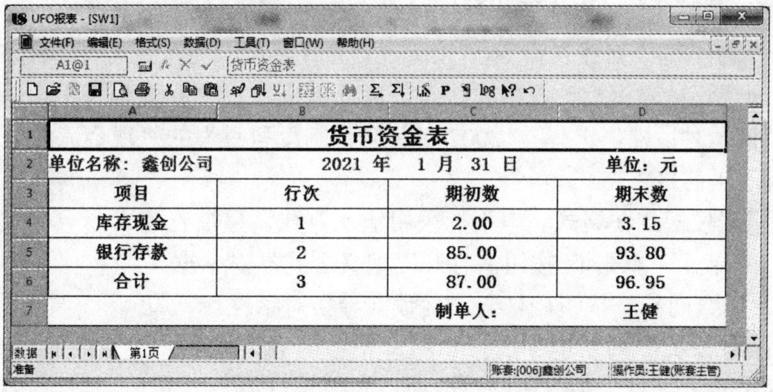

UFO报表 - [SW1]
文件(F) 编辑(E) 格式(S) 数据(D) 工具(T) 窗口(W) 帮助(H)
A1@1
货币资金表
货币资金表
单位名称：鑫创公司
2021 年 1 月 31 日
单位：元
项目
行次
期初数
期末数
库存现金
1
2.00
3.15
银行存款
2
85.00
93.80
合计
3
87.00
96.95
制单人：
王健
数据
第1页
准备
账套:[006]鑫创公司
操作员:王健(账套主管)

图 4-9 货币资金舍位平衡表

2. 利用报表模板生成2021年1月的资产负债表(微课视频：WK28)

(1) 执行"文件"|"新建"命令，生成一张空白报表，进入格式设计状态。

(2) 调用资产负债表模板。在格式状态下执行"格式"|"报表模板"命令，打开"报表模板"对话框，选择"2007年新会计制度科目"的"资产负债表"选项，如图4-10所示，确认覆盖当前表格式，即可打开资产负债表模板。

WK28.flv

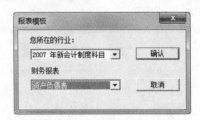

图4-10 "报表模板"对话框

(3) 生成资产负债表数据。在数据状态下执行"数据"|"关键字"|"录入"命令，打开"录入关键字"对话框，录入关键字：年为"2021"，月为"01"，日为"31"，确认后重算第1页返回。

(4) 执行"文件"|"另存为"命令，选择存储路径，修改文件名为"2021年1月资产负债表.rep"，完成资产负债表的保存。

3. 利用报表模板生成2021年1月的利润表(微课视频：WK29)

(1) 执行"文件"|"新建"命令，生成一张空白报表，进入格式设计状态。

(2) 调用利润表模板。在格式状态下执行"格式"|"报表模板"命令，打开"报表模板"对话框，选择"2007年新会计制度科目"的"利润表"选项，确认覆盖当前表格式。

WK29.flv

(3) 生成利润表数据。在数据状态下执行"数据"|"关键字"|"录入"命令，打开"录入关键字"对话框，录入关键字：年为"2021"，月为"01"，确认后重算第1页返回。

(4) 执行"文件"|"另存为"命令，选择存储路径，修改文件名为"2021年1月利润表.rep"，完成利润表的保存。

4. 利用报表模板生成2021年1月的现金流量表(微课视频：WK30)

(1) 执行"文件"|"新建"命令，生成一张空白报表，进入格式设计状态。

(2) 调用现金流量表模板。在格式状态下执行"格式"|"报表模板"命令，打开"报表模板"对话框，选择 "2007年新会计制度科目"的"现金流量表"选项，确认覆盖当前报表格式。

WK30.flv

(3) 调整报表模板。在格式状态下，采用输入方式调整报表公式。

① 选中C6单元，单击fx按钮，打开"定义公式"对话框。

② 单击"函数向导"按钮，打开"函数向导"对话框。

③ 在"函数分类"列表框中选择"用友账务函数"选项，在右侧的"函数名"列表框中选择"现金流量项目金额(XJLL)"选项，如图4-11所示，单击"下一步"按钮。

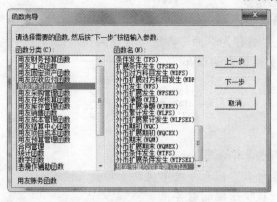

图 4-11 "函数向导"对话框

④ 在打开的对话框中单击"参照"按钮,打开"账务函数"对话框,如图 4-12 所示,单击"现金流量项目编码"右侧的"参照"按钮,打开"现金流量项目"选项。

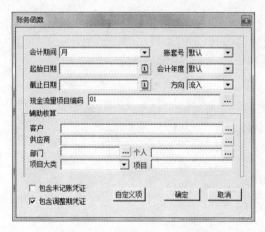

图 4-12 "账务函数"对话框

⑤ 双击选择与 C6 单元左侧相对应的项目,单击"确定"按钮,返回"用友账务函数"对话框,单击"确定"按钮。

⑥ 返回"定义公式"对话框,如图 4-13 所示,单击"确认"按钮,单元格中显示"公式单元"字样。

图 4-13 "定义公式"对话框

⑦ 以此类推,录入其他单元公式后单击"保存"按钮,即可保存调整后的报表模板。

(4) 生成现金流量表数据。在数据状态下执行"数据"|"关键字"|"录入"命令,打开"录入关键字"对话框,录入关键字:单位名称为"鑫创公司",年为"2021",月为

"01"，确认后重算第 1 页返回。

(5) 执行"文件"|"另存为"命令，选择存储路径，修改文件名为"2021 年 1 月现金流量表.rep"，完成现金流量表的保存。

思考与练习

1. 自定义报表有哪些基本流程？
2. 关键字的含义是什么？报表系统中提供了哪些关键字？
3. 如何利用报表模板快速编制财务报表？
4. 报表系统提供了哪几种数据类型？各自用途是什么？
5. 报表系统中提供了哪几类公式？各自的作用是什么？

第五章 薪资管理系统的应用

【学习目标】
- 了解薪资管理系统的应用方案
- 熟悉薪资管理系统的工作流程
- 掌握薪资管理系统初始设置、日常处理和期末处理的操作方法

第一节 薪资管理系统概述

薪资管理是人力资源管理的重要组成部分。薪资管理系统的主要任务是正确、及时地计算和发放职工工资，反映和监督职工工资的结算情况；按部门和人员类别进行汇总，进行个人所得税计算；提供多种方式的查询，打印工资发放表、各种汇总表及个人工资条；进行工资费用的分配与计提并实现自动转账处理。

一、薪资管理系统的应用方案

不同企业的管理模式不同，因此薪资管理系统提供了两种不同的核算模式，即单个工资类别核算和多个工资类别核算。

(一)单个工资类别核算

如果核算单位所有职工的工资项目构成相同，工资计算方法也相同，那么可以对全部职工进行统一的工资核算，应选择系统提供的单个工资类别核算应用方案。

(二)多个工资类别核算

当核算单位每月多次发放工资，或者职工的工资项目构成不同、工资计算公式不同，又需要统一进行工资核算管理时，则应选择系统提供的多个工资类别核算应用方案。

二、薪资管理系统的工作流程

薪资管理系统的工作流程因单个工资类别和多个工资类别而有所不同，单个工资类别相对简单，所以重点介绍多个工资类别的工作流程。多个工资类别薪资管理系统的工作流程如图 5-1 所示。

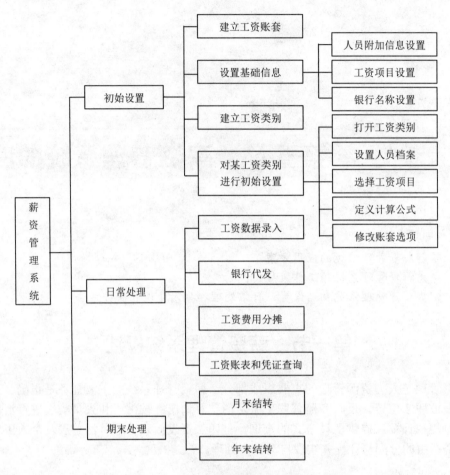

图 5-1　多个工资类别薪资管理系统工作流程

(一)初始设置

运用薪资管理系统的单位，第一次启用该系统时，应按图 5-1 所示的步骤进行操作。初始设置具体包括建立工资账套、设置基础信息、建立工资类别、对某工资类别进行初始设置。

(二)日常处理

日常处理包括对工资变动数据进行调整、计算个人所得税扣缴申报表、由银行代发工资、设置工资分摊类型、分摊工资费用并生成自动转账凭证、输出工资表和工资分析表。

(三)期末处理

每月工资数据处理完毕后，可以进行月末结转和结转上年数据。月末结转只有在会计年度的 1～11 月分别进行。月末结转后，当月数据不允许变动。结转上年数据后，新年度账将自动建立，本年各月数据将不允许变动。

第二节　薪资管理系统初始设置

薪资管理系统的初始设置包括建立工资账套和设置基础信息两部分。如果系统采用多个工资类别核算应用方案，还需分别对工资类别进行初始设置。

一、建立工资账套

建立工资账套是整个薪资管理系统正确运行的基础。企业应结合实际情况，建立一个完整的账套。首次启用薪资管理系统时，可以通过系统提供的建账向导，逐步完成工资账套的建立工作。该项工作可分为四步，即参数设置、扣税设置、扣零设置和人员编码。

在企业应用平台中，切换到"业务工作"选项卡，执行"人力资源"|"薪资管理"命令，打开"建立工资套"对话框。

（一）参数设置

(1) 选择本账套处理的工资类别个数，即选择"单个"工资类别或"多个"工资类别。

(2) 选择该套工资的核算币种和"是否核算计件工资"。当企业存在计件工资制时，应选中"是否核算计件工资"复选框，否则计件工资的相关内容将无法使用。

（二）扣税设置

扣税设置即选择在工资计算中是否进行扣税处理。如要从工资中代扣个人所得税，则选中"是否从工资中代扣个人所得税"复选框，工资核算时系统会根据输入的税率自动计算个人所得税额，并自动生成"代扣税"工资项目。

（三）扣零设置

扣零设置是指每次发放工资时将零头扣下，累积取整，于下次发放工资时补上。系统有扣零至元、扣零至角、扣零至分三种类型，任选其一。

（四）人员编码

人员编码即单位人员编码长度。用户根据需要可自由定义人员编码长度，但总长不能超过10位字符。

二、基础信息设置

工资账套建立后，为了在日常处理中对工资进行有效管理，需要对整个系统运行所需的一些基础信息进行设置，包括人员附加信息设置、工资项目设置、银行名称设置等。

（一）人员附加信息设置

为了便于对人员进行更加有效的管理，丰富人员档案的内容，可通过"人员附加信息设置"功能自行增加相关辅助信息。如增加设置人员的性别、民族、婚否、学历、技术职称等。设置人员附加信息时，执行"设置"|"人员附加信息设置"命令，打开"人员附加

信息设置"对话框，即可进行相应设置。

(二)工资项目设置

工资项目的设置和建立是薪资管理系统运行的基础，同时也是体现管理者对工资信息需求的主要方式，不同的企业可以根据自身工资核算的特点，灵活地设置工资项目，并进行工资数据的汇总、查询和统计。设置工资项目时，在薪资管理窗口中，执行"设置"|"工资项目设置"命令，打开"工资项目设置"对话框，即可进行相应设置。

(三)银行名称设置

如果企业委托银行代发工资时，就需要设置银行名称，包括代发工资的银行名称、账号、是否定长、账号长度等内容。银行名称设置中可设置多个发放工资的银行，以适应不同的需要。在企业应用平台的"基础设置"选项卡中，执行"基础档案"|"收付结算"|"银行档案"命令，打开"银行档案"对话框，即可设置银行名称等有关内容。

三、建立工资类别

在薪资管理系统中，执行"工资类别"|"新建工资类别"命令，打开"新建工资类别"对话框，先录入第一个工资类别名称，选择该工资类别所属部门，确定工资类别的启用日期；再执行"工资类别"|"关闭工资类别"命令，关闭第一个工资类别，即可建立工资类别。同理，按上述方法可以建立第二个工资类别。

四、对工资类别进行初始设置

(一)打开工资类别

在薪资管理系统中，执行"工资类别"|"打开工资类别"命令，打开"打开工资类别"对话框，选中某一个工资类别，打开后即可对其进行初始设置。

(二)设置人员档案

薪资管理系统各工资类别中的人员档案一定来自企业应用平台基础档案中设置的人员档案。企业应用平台中设置的人员档案是全部职工信息；薪资管理系统中的人员档案是需要进行工资发放和管理的人员，它们之间是包含关系。

设置人员档案时，应在薪资管理系统中执行"设置"|"人员档案"命令，进入"人员档案"窗口，单击"批增"按钮，打开"人员批量增加"对话框，修改所选人员类别下的人员档案，补充输入银行账号信息。

(三)选择工资项目

在建立工资类别之前应结合单位不同工资类别选择所需工资项目。在薪资管理系统中执行"设置"|"工资项目设置"命令，打开"工资项目设置"对话框，从"名称参照"下拉列表框中选择所需工资项目，并且不能修改。若下拉列表框中没有该工资类别所需项目，只能在关闭工资类别的状态下编辑，然后再打开该工资类别，参照选择。

工资项目的排列顺序会影响工资变动表项目的排列顺序，所以在选择完工资项目之后，还应调整其排列顺序，将工资项目移动到合适的位置。

(四)定义计算公式

薪资管理系统提供了十分灵活的公式定义功能，主要有下述三种方法。

(1) 在"应发合计公式定义"文本框中直接输入公式。

(2) 根据"公式设置"选项卡中各列表框提供的内容选择设置。

(3) 根据"函数公式向导"输入计算公式。用户可以根据对工资计算不同层次的需求方便地使用。

工资项目设置完成后，切换到"公式设置"选项卡，打开"工资项目设置——公式设置"对话框，在公式编辑窗口中既可以直接输入公式，也可以通过公式向导引导输入完成公式定义。

例1：

职员类别是销售人员的奖金，为500元，其他各类人员的奖金为200元。

奖励工资的公式为：

```
IFF(人员类别="销售人员",500,200)
```

例2：

人员类别是人事部的高级经济师或财务部的高级会计师，其住房补贴是300元，其他各类人员的住房补贴为250元。

住房补贴的公式为：

```
IFF(部门="人事部" AND 人员类别="高级经济师" OR 部门="财务部" AND 人员类别="高级会计师",300,250)
```

(五)修改账套选项

每一个工资类别的参数可能不完全相同，所以在建立工资账套时的参数设置不一定能适用于所有的工资类别，这样就有必要在工资类别建好之后，在薪资管理系统中执行"设置"|"选项"命令，分别修改其选项设置。例如，代扣所得税处理通过该命令设置。

第三节　薪资管理系统日常处理

薪资管理系统日常处理需按工资类别分别处理，主要包括工资数据录入、银行代发、工资费用分摊、工资账表和凭证查询。

一、工资数据录入

工资系统数据处理的基础是每个职工的各项基本工资数据。职工工资数据按输入频率，通常可以分为每月相对固定的部分，如基本工资、职务工资、职称工资和各项固定补贴；每月变动部分，如病事假扣款、水电费、奖金等。这两部分数据在系统输入和处理方式上不完全相同，即每月固定数据在系统使用前一次输入，长期使用，只有在提职、提薪、晋级时才进行修改；而变动数据则需要在每月处理工资数据前录入到系统中。

录入工资数据时，在薪资管理系统中执行"业务处理"|"工资变动"命令，进入"工资变动"窗口，即可对所有人员的工资数据进行录入、修改。

在"工资变动"窗口中显示了所有人员的所有工资项目，可以在此直接录入数据，也可以通过筛选和定位、页面编辑、替换、过滤器、计算汇总和排序等方法快速、准确地录入或修改数据。

二、银行代发

银行代发是指每期工资核算之后，单位定期将每个职工的工资发放数据按照银行要求的文件格式提交给开户银行，职工凭银行卡去银行取款。

银行代发时，执行"业务处理"|"银行代发"命令，打开"银行文件格式设置"对话框，可以选用系统预置模板，也可以自己定义。系统显示"银行代发一览表"信息，可输出到文件或打印后送银行，由银行将工资转到个人账户。

三、工资费用分摊

工资费用分摊是指对当月发生的工资费用进行工资总额的计算、分配及各种经费的计提，并生成自动转账凭证，传递到总账管理系统供登账处理之用。具体操作步骤如下所述。

(一)设置工资分摊类型

(1) 执行"业务处理"|"工资分摊"命令，打开"工资分摊"对话框。

(2) 单击"工资分摊设置"按钮，打开"分摊类型设置"对话框，单击"增加"按钮，打开"分摊计提比例设置"对话框，输入计提类型名称及计提比例。

(3) 单击"下一步"按钮，进入"分摊构成设置"对话框，分别设置部门名称、人员类别、工资项目、借方科目、借方项目大类、借方项目、贷方科目和贷方项目大类，设置完成后单击"完成"按钮保存设置。

(二)分摊工资费用并生成凭证

(1) 在"工资分摊"对话框中分别选择计提费用类型、参与核算的部门和分摊计提的月份等，然后单击"确定"按钮，即可分摊工资费用。

(2) 单击"确定"按钮，进入"应付工资一览表"界面，选中"合并科目相同、辅助项相同的分录"复选框。

(3) 单击"制单"按钮自动生成相关凭证，保存后自动传递到总账管理系统。

四、工资账表和凭证查询

(一)工资账表

工资业务处理完成后，相关的工资报表数据同时生成。系统提供了多种形式的报表以反映工资核算的结果。报表的格式由系统提供，主要有工资表和工资分析表两种报表类型。执行"统计分析"|"账表"命令，通过"工资表"和"工资分析表"进入相应的报表查看或分析页面。如果用户对系统提供的报表不满意，可以通过"修改表"和"新建表"

功能自行设计。

(二)凭证查询

在薪资管理系统中生成的记账凭证，经过保存之后即可传递到总账管理系统，一般来说不能修改，只能在薪资管理系统中通过"统计分析"|"凭证查询"功能来删除或者冲销。

第四节 薪资管理系统期末处理

每月工资数据处理完毕后，可以进行月末结转和年末结转。月末结转只能在会计年度的 1～11 月分别进行。月末结转后，当月数据不允许变动。年末结转后，新年度账将自动建立，本年各月数据将不允许变动。

一、月末结转

月末结转是将当月数据经过处理后结转至下月。每月工资数据处理完毕后均需按工资类别分别月末结转。由于在工资项目中，有的项目是变动的，即每月的数据均不相同，在每月工资处理时，均需将其数据清零，而后录入当月的数据，此类项目即为清零项目。

进行月末结转只能以账套主管的身份登录系统，执行"业务处理"|"月末处理"命令即可完成数据的结转工作。月末结转只有在会计年度的 1～11 月进行。若本月工资数据未汇总，系统将不允许进行月末结转。进行期末处理后，当月数据将不再允许变动。

在薪资管理系统结账后，如果发现本月工资数据处理有误或还有一些业务及其他事项需要在已结账月进行账务处理，则需要使用"反结账"功能，取消"已结账"标记。以需要反结账处理的下一个月的日期登录薪资管理系统，执行"业务处理"|"反结账"命令，即可进行反结账的处理。

二、年末结转

年末结转是将工资数据经过处理后结转至下年。新年度账应在进行数据结转前建立，即年末以账套主管的身份登录进入系统管理，执行"年度账"|"建立"命令，完成新年度账的建立。然后执行"年度账"|"结转上年数据"|"薪资管理"命令，选择结转年度，即可完成上年数据的结转。

实验六 薪 资 管 理

实验目的

- 熟悉薪资管理系统的主要内容和操作流程。
- 掌握薪资管理系统初始设置、日常处理和期末处理的操作方法。

实验内容

- 薪资管理系统初始设置：建立工资账套、设置人员附加信息、设置工资项目、设置银行名称、建立工资类别、在编人员工资类别初始设置(包括打开工资类别、设置人员档案、选择工资项目、定义计算公式)。
- 薪资管理系统日常处理：工资数据录入、计算和汇总、个人所得税扣除基数设置、银行代发、工资分摊、工资账表和凭证查询。
- 薪资管理系统期末处理：月末处理。

实验准备

- 录入实验二的账套备份数据或在U盘上引入已备份的实验二的账套数据。
- 启用薪资管理系统。

实验要求

001(王健)负责薪资管理系统的操作。

实验资料

1. 工资账套参数

工资类别为多个，核算币种为人民币，自动代扣个人所得税，不进行扣零处理，启用日期为2021年1月。

2. 基础信息设置

1) 人员附加信息

人员附加信息为"学历"和"技术职称"。

2) 工资项目

工资项目如表5-1所示。

表5-1 工资项目

工资项目名称	类型	长度	小数	增减项	公式
基本工资	数字	8	2	增项	
岗位工资	数字	8	2	增项	
绩效工资	数字	8	2	增项	IFF(人员类别="销售人员", 500, 200)
应发合计	数字	10	2	增项	
住房公积金	数字	8	2	减项	(基本工资+岗位工资)×0.08
缺勤扣款	数字	8	2	减项	(基本工资+岗位工资)/22×缺勤天数
扣款合计	数字	10	2	减项	
实发合计	数字	10	2	增项	
计税工资	数字	8	2	其他	基本工资+岗位工资+绩效工资-住房公积金-缺勤扣款
代扣税	数字	10	2	减项	
缺勤天数	数字	8	2	其他	

3) 银行名称

银行编码为 01001，银行名称为"工商银行新建南路分理处"，默认个人账号"定长"，账号长度为 11 位，自动带出的账号长度为 8 位。

4) 工资类别及工资项目

工资类别为在编人员和非编人员，并且在编人员分布于各个部门，而非编人员只属于生产部。

5) 在编人员档案

在编人员档案如表 5-2 所示。

表 5-2 在编人员档案

薪资部门名称	人员编号	人员姓名	学历	人员类别	账号	技术职称
人事部	101	刘磊	研究生	企业管理人员	14011854601	高级经济师
财务部	201	王健	研究生	企业管理人员	14011854602	高级会计师
财务部	202	赵静	本科	企业管理人员	14011854603	会计师
财务部	203	周敏	本科	企业管理人员	14011854604	助理会计师
采购部	301	张勇	专科	采购人员	14011854605	
销售一部	401	马俊	专科	销售人员	14011854606	
销售二部	402	赵颖	专科	销售人员	14011854607	
生产部	501	程伟	专科	生产人员	14011854608	

3. 个人所得税扣除基数

个人所得税应按计税工资扣除 5 000 元后计税，个人所得税税率如表 5-3 所示。

表 5-3 个人所得税税率

级数	全月应纳税所得额	税率(3%)	速算扣除数
1	不超过 3 000 元的	3	0
2	超过 3 000 元至 12 000 元的部分	10	210
3	超过 12 000 元至 25 000 元的部分	20	1 410
4	超过 25 000 元至 35 000 元的部分	25	2 660
5	超过 35 000 元至 55 000 元的部分	30	4 410
6	超过 55 000 元至 80 000 元的部分	35	7 160
7	超过 80 000 元的部分	45	15 160

4. 2021 年 1 月工资数据

2021 年 1 月工资数据如表 5-4 所示。

表 5-4 2021 年 1 月工资数据

人员编号	人员姓名	基本工资	岗位工资	缺勤天数
101	刘磊	7 000	2 000	
201	王健	6 000	1 700	

续表

人员编码	人员姓名	基本工资	岗位工资	缺勤天数
202	赵静	5 000	1 500	
203	周敏	5 000	1 500	3
301	张勇	4 000	1500	
401	马俊	4 000	1 500	
402	赵颖	4 000	1500	2
501	程伟	4 000	1 500	

5. 工资分摊

按工资总额的 2%计提工会经费，按工资总额的 8%计提职工教育经费。

工资分摊情况如表 5-5 所示。

表 5-5 工资分摊

计提类型	部门名称	人员类别	工资项目	借方项目大类	借方项目	借方科目	贷方科目
应付工资	人事部 财务部	企业管理人员	应发合计			660203	221101
	采购部	采购人员	应发合计			660203	221101
	销售一部 销售二部	销售人员	应发合计			6601	221101
	生产部	生产人员	应发合计	生产成本	台式电脑	500102	221101
工会经费	人事部 财务部	企业管理人员	应发合计			660203	221102
	采购部	采购人员	应发合计			660203	221102
	销售一部 销售二部	销售人员	应发合计			6601	221102
	生产部	生产人员	应发合计	生产成本	台式电脑	500102	221102
职工教育经费	人事部 财务部	企业管理人员	应发合计			660203	221103
	采购部	采购人员	应发合计			660203	221103
	销售一部 销售二部	销售人员	应发合计			6601	221103
	生产部	生产人员	应发合计	生产成本	台式电脑	500102	221103

实验步骤

1. 建立工资账套(微课视频：WK31)

(1) 以账套主管"001 王健"的身份注册进入企业应用平台，启用薪资管

WK31.flv

理系统，启用日期为 2021 年 1 月 1 日。

(2) 在企业应用平台的"业务工作"选项卡中，执行"人力资源"|"薪资管理"命令，打开"建立工资套"对话框，根据实验资料"1. 工资账套参数"设置工资账套参数，如图 5-2 所示。

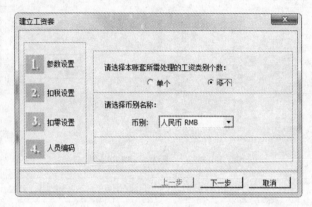

图 5-2 "建立工资套"对话框

2. 人员附加信息设置

(1) 执行"设置"|"人员附加信息设置"命令，打开"人员附加信息设置"对话框。

(2) 单击"增加"按钮，根据实验资料"2. 基础信息设置—1)"，从"栏目参照"栏中选择"学历"附加信息项，单击"增加"按钮。同理，增加"技术职称"附加信息项，如图 5-3 所示。

(3) 单击"确定"按钮返回。

图 5-3 "人员附加信息设置"对话框

3. 工资项目设置(微课视频：WK32)

WK32.flv

(1) 执行"设置"|"工资项目设置"命令，打开"工资项目设置"对话框。

(2) 在已有工资项目的基础上，单击"增加"按钮，根据实验资料"2. 基础信息设置

—2)"增加工资项目,从"名称参照"下拉列表框中选择列出的工资项目,增加需要的工资项目即可,如图5-4所示。

图 5-4 "工资项目设置"对话框

WK33.flv

(3) 单击"确定"按钮返回。

4. 银行名称设置(微课视频:WK33)

(1) 在企业应用平台中的"基础设置"选项卡中,执行"基础档案"|"收付结算"|"银行档案"命令,打开"增加银行档案"对话框。

(2) 根据实验资料"2. 基础信息设置—3)"设置银行名称等相关内容,如图 5-5 所示,单击"保存"按钮。

(3) 单击"退出"按钮返回。

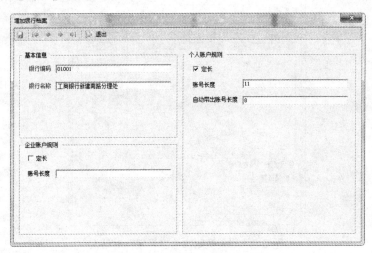

图 5-5 "增加银行档案"对话框

WK34.flv

5. 建立工资类别(微课视频:WK34)

(1) 在薪资管理系统中执行"工资类别"|"新建工资类别"命令,打开"新建工资类

别"对话框。

(2) 录入工资类别名称"在编人员",单击"选定全部部门"按钮框,如图 5-6 所示,确定工资类别的启用日期为"2021-01-01"。

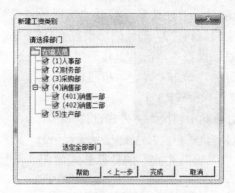

图 5-6 "新建工资类别"对话框

(3) 执行"工资类别"|"关闭工资类别"命令,关闭"在编人员"工资类别。

(4) 执行"工资类别"|"新建工资类别"命令,打开"新建工资类别"对话框,录入工资类别名称"非编人员",只选择生产部,并确定工资类别的启用日期为"2021-01-01"。

6. 在编人员工资类别初始设置

1) 打开"打开工资类别"对话框

执行"工资类别"|"打开工资类别"命令,打开"打开工资类别"对话框,选中"在编人员"单选按钮,单击"确定"按钮。

2) 设置人员档案(微课视频:WK35)

执行"设置"|"人员档案"命令,进入"人员档案"窗口,单击"批增"按钮,打开"人员批量增加"对话框,选择"企业管理人员""采购人员""销售人员""生产人员",如图 5-7 所示,根据实验资料"2. 基础信息设置—5)",修改所选人员类别下的人员档案,补充录入银行账号、学历和技术职称信息。

WK35.flv

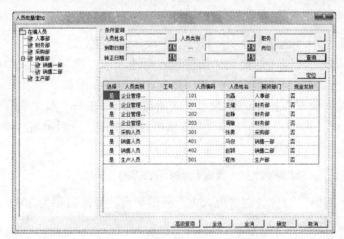

图 5-7 "人员批量增加"对话框

注意事项：

只有人员档案设置完成后，才能对工资项目及工资计算公式进行定义。

3) 选择工资项目(微课视频：WK36)

执行"设置"|"工资项目设置"命令，打开"工资项目设置"对话框，单击"增加"按钮，根据实验资料"2. 基础信息设置—2)"，从"名称参照"下拉列表框中选择工资项目。设置后单击"上移""下移"按钮调整工资项目的先后位置，全部设置好后，单击"确定"按钮返回。

WK36.flv

4) 定义计算公式(微课视频：WK37)

在"工资项目设置"对话框中切换到"公式设置"选项卡，单击"工资项目"的"增加"按钮，根据实验资料"2. 基础信息设置—2)"依次录入"绩效工资"。"住房公积金"和"缺勤扣款"的计算公式如图5-8所示，全部设置好后单击"确定"按钮返回。

WK37.flv

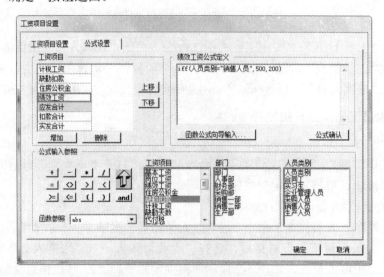

图5-8　"工资项目设置"对话框

7. 设置所得税纳税基数(微课视频：WK38)

(1) 执行"设置"|"选项"命令，打开"选项"对话框。

(2) 单击"编辑"按钮，切换到"扣税设置"选项卡，选择个人所得税申报表中"收入额合计"项所对应的工资项目为"计税工资"，如图5-9所示。

(3) 单击"税率设置"按钮，进入"个人所得税申报表——税率表"窗口，设置所得税纳税基数为5 000，并参考表5-3修改个人所得税税率，完成后单击"确定"按钮。

(4) 在"选项"对话框中单击"确定"按钮。

WK38.flv

8. 工资数据录入、计算和汇总(微课视频：WK39)

(1) 以"001 王健"的身份注册进入企业应用平台，登录日期为2021年1月31日，再进入薪资管理系统。

WK39.flv

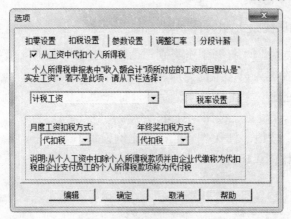

图 5-9 "选项"对话框

(2) 执行"业务处理"|"工资变动"命令,根据实验资料"4. 2021 年 1 月工资数据"录入 2021 年 1 月份每个人员的工资数据。

(3) 全部录入完毕后单击"计算"按钮,系统即可根据工资项目计算公式完成各个工资项目数据的计算,如图 5-10 所示。

(4) 通过检查确认工资数据正确后,单击"汇总"按钮。

(5) 单击"退出"按钮返回。

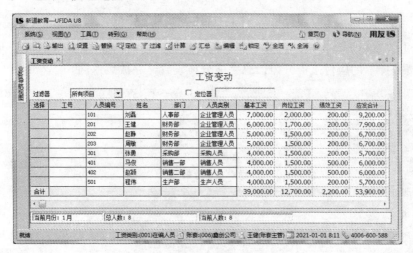

图 5-10 "工资变动"窗口

9. 银行代发(微课视频:WK40)

WK40.flv

(1) 执行"业务处理"|"银行代发"命令,打开"请选择部门范围"对话框。

(2) 单击"确定"按钮,打开"银行文件格式设置"对话框。

(3) 从"银行模板"中选择"工商银行新建南路分理处",单击"确定"按钮,系统弹出"确认设置的银行文件格式?"提示信息,再单击"是"按钮,系统显示"银行代发一览表"信息,可输出文件或打印后送银行,由银行将工资转到个人账户。

10. 工资分摊(微课视频：WK41)

(1) 执行"工资类别"|"打开工资类别"命令，打开"打开工资类别"对话框，选择打开"在编人员"工资类别。

(2) 执行"业务处理"|"工资分摊"命令，打开"工资分摊"对话框。

(3) 单击"工资分摊设置"按钮，打开"分摊类型设置"对话框。

(4) 单击"增加"按钮，打开"分摊计提比例设置"对话框，录入计提类型名称"应付工资"，分摊计提比例"100%"，如图 5-11 所示。

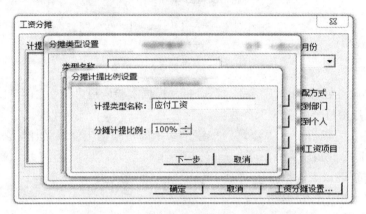

图 5-11 "分摊计提比例设置"对话框

(5) 单击"下一步"按钮，进入"分摊构成设置"窗口，如图 5-12 所示，依据实验资料"5. 工资分摊"的应付工资分摊信息完成分摊设置，完成后返回。

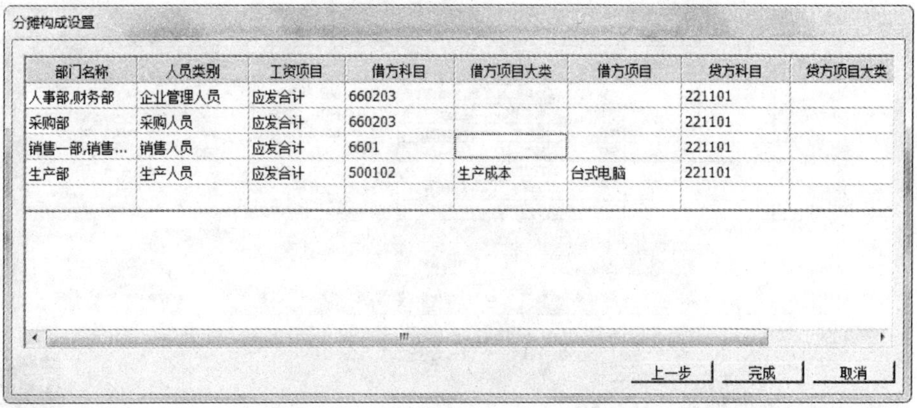

图 5-12 "分摊构成设置"窗口

(6) 单击"增加"按钮，根据实验资料"5. 工资分摊"，分别定义工会经费(比例 2%)和职工教育经费(比例 8%)两种分摊计提项目。

(7) 在"工资分摊"对话框中选择以上三种计提费用类型，确定计提月份为"2021.01"，选择所有部门，勾选"明细到工资项目"和"按项目核算"复选框，如图 5-13 所示。

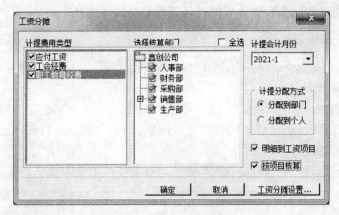

图 5-13 "工资分摊"对话框

(8) 单击"确定"按钮,打开"应付工资一览表"对话框。

(9) 选中"合并科目相同、辅助项相同的分录"复选框,单击"制单"按钮,系统生成应付工资分摊的记账凭证,单击"保存"按钮,自动传递到总账系统。

(10) 同理,生成工会经费和职工教育经费分摊的记账凭证并保存。

① 应付工资

借:管理费用/工资(660203)　　　　　　　　9 200
　　管理费用/工资(660203)　　　　　　　　21 300
　　管理费用/工资(660203)　　　　　　　　5 700
　　销售费用(6601)　　　　　　　　　　　　12 000
　　生产成本/直接人工(500102)　　　　　　5 700
　　贷:应付职工薪酬/工资(221101)　　　　　　53 900

② 工会经费

借:管理费用/工资(660203)　　　　　　　　184
　　管理费用/工资(660203)　　　　　　　　426
　　管理费用/工资(660203)　　　　　　　　114
　　销售费用(6601)　　　　　　　　　　　　240
　　生产成本/直接人工(500102)　　　　　　114
　　贷:应付职工薪酬/工会经费(221102)　　　　1 078

③ 职工教育经费

借:管理费用/工资(660203)　　　　　　　　736
　　管理费用/工资(660203)　　　　　　　　1 704
　　管理费用/工资(660203)　　　　　　　　456
　　销售费用(6601)　　　　　　　　　　　　960
　　生产成本/直接人工(500102)　　　　　　456
　　贷:应付职工薪酬/职工教育经费(221103)　　4 312

注意事项:

薪资管理系统生成的凭证自动传递到总账管理系统,在总账管理系统中可执行审核和记账的操作。但凭证的修改和删除只能在薪资管理系统中进行。

11. 工资账表和凭证查询

(1) 执行“工资类别”|“打开工资类别”命令，打开“打开工资类别”对话框，选择“在编人员”工资类别。

(2) 执行“统计分析”|“账表”|“工资表”命令，打开“工资表”对话框，可查看多种工资账表；执行“统计分析”|“账表”|“工资分析表”命令，打开“工资分析表”对话框，可查看多种工资数据分析表。

(3) 执行“统计分析”|“凭证查询”命令，查看生成的记账凭证，如图5-14所示。

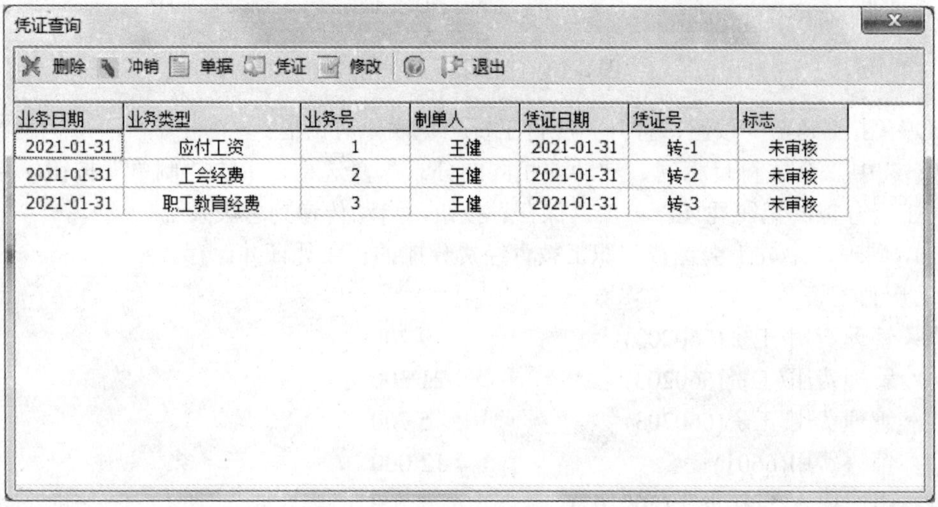
凭证查询
删除 冲销 单据 凭证 修改 退出
业务日期 业务类型 业务号 制单人 凭证日期 凭证号 标志
2021-01-31 应付工资 1 王健 2021-01-31 转-1 未审核
2021-01-31 工会经费 2 王健 2021-01-31 转-2 未审核
2021-01-31 职工教育经费 3 王健 2021-01-31 转-3 未审核

图5-14 “凭证查询”窗口

12. 月末处理

(1) 执行“工资类别”|“打开工资类别”命令，打开“打开工资类别”对话框，选择并打开“在编人员”工资类别。

(2) 执行“业务处理”|“月末处理”命令，单击“确定”按钮，进行月末处理。

(3) 选择清零项目：绩效工资、缺勤扣款、缺勤天数，单击“确定”按钮。

(4) 系统提示“月末处理完毕”，确定后返回。

注意事项：

- 如果是多个工资类别，则应打开工资类别，分别进行月末处理。
- 月末处理功能只有账套主管人员才能执行。
- 如总账管理系统已结账，则薪资管理系统不允许反结账。

13. 账套备份

(1) 在硬盘建立“实验六 薪资管理”文件夹。

(2) 将账套数据备份输出至“实验六 薪资管理”文件夹中。

思考与练习

1. 在什么情况下需要进行多个工资类别核算?
2. 薪资管理系统初始设置的操作流程是什么?
3. 工资费用分摊按什么顺序进行?
4. 薪资管理系统中,如何进行月末处理和年末结转?

第六章 固定资产管理系统的应用

【学习目标】
- 了解固定资产管理系统的应用方案
- 熟悉固定资产管理系统的工作流程
- 掌握固定资产管理系统初始设置、日常处理和期末处理的操作方法

第一节 固定资产管理系统概述

固定资产管理系统的主要功能是完成企业固定资产日常业务的核算和管理,生成固定资产卡片,按月反映固定资产的增加、减少、原值变化及其他变动,并输出相应的增减变动明细账,按月自动计提折旧,生成折旧分配凭证,同时输出一些同设备管理相关的报表和账簿。

一、固定资产管理系统的应用方案

根据企业会计制度的规定,不同性质的企业固定资产的会计处理方法不同,与此相应,固定资产管理系统提供了两种不同的处理方案。
(1) 企业单位应用方案。
(2) 行政事业单位应用方案。

以上两种方案的区别在于行政事业单位整个账套不计提折旧,从操作流程上看,所有与折旧有关的操作环节在行政事业单位操作流程中均不体现。

二、固定资产管理系统的工作流程

下面以企业单位的应用方案为例,列出固定资产系统的工作流程,如图 6-1 所示。

(一)初始设置

第一次使用固定资产系统打开账套时,系统将提示进行账套初始化。完成该项工作后，应根据企业的具体情况分别定义固定资产类别、固定资产增减方式、固定资产使用状况及部门对应折旧科目。完成基础信息设置后，还应将期初固定资产卡片的数据录入到该系统中。

(二)日常处理

日常处理主要包括资产增减、资产变动、资产评估和账表查询的日常操作。资产增加需要根据实际业务要求输入一张新的固定资产卡片，资产减少需输入资产减少卡片并说明减少的原因。资产变动和资产评估，需制作相应的资产变动单和资产评估单。系统根据用户以上的日常操作，以账表的形式可以自动为财务人员和资产管理人员提供资产的统计、汇总和其他各方面的信息。

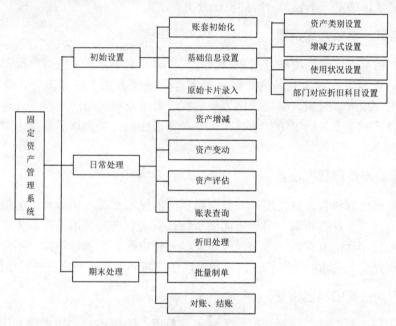

图 6-1　固定资产管理系统工作流程

(三)期末处理

期末处理工作主要包括折旧处理、批量制单、对账、结账等内容。计提折旧功能根据事先的定义，能够自动计提固定资产本期折旧并将折旧分别计入有关费用科目，自动生成计提折旧转账凭证。固定资产系统可以在月末，一次性地将本月发生的与固定资产相关的业务(如资产增加、资产减少、资产变动、资产评估等)编制凭证并向总账管理系统传递有关数据。当固定资产系统完成了全部制单业务，并将所有凭证都审核、记账后，方可进行月末对账、结账。

第二节　固定资产管理系统初始设置

固定资产管理系统初始设置是根据用户的具体情况，建立一个适合企业的固定资产账套的过程，包括固定资产账套初始化、基础信息设置和原始固定资产卡片录入三个内容。

一、固定资产账套初始化

在第一次启用固定资产管理系统时，系统会要求用户进行账套初始设置，主要包括约定及说明、启用月份、折旧信息、编码方式、账务接口和完成六部分。

二、基础信息设置

(一)固定资产类别设置

固定资产种类繁多，规格不一，要强化固定资产管理，及时准确地做好固定资产核算工作，必须科学地进行固定资产的分类，为核算和统计管理提供依据。企业可根据自身的特点和管理要求，确定一个较为合理的资产分类方法。

(二)固定资产增减方式设置

固定资产增减方式包括增加方式和减少方式两类。增加方式主要有直接购入、投资者投入、捐赠、盘盈、在建工程转入、融资租入等；减少方式主要有出售、盘亏、投资转出、捐赠转出、报废、毁损、融资租出等。通常，系统已对常用的增减方式进行了设置，用户在该功能下，主要是确定每种增减方式下对应入账科目，为以后直接生成转账凭证做好准备。

(三)固定资产使用状况设置

从固定资产核算和管理的角度，需要明确资产的使用状况。明确资产的使用状况一方面可以正确地计算和计提折旧，另一方面便于统计固定资产的使用情况，提高资产的利用效率。主要的使用状况有在用、季节性停用、经营性出租、大修理停用、不需用、未使用等类型。系统提供了基本的使用状况，用户可以在此基础上修改或定义新的使用状况。

(四)部门对应折旧科目设置

计提固定资产折旧后必须把折旧归入成本或费用，根据不同使用者的具体情况按部门或按类别归集。当按部门归集折旧费用时，某一部门所属的固定资产折旧费用将归集到一个比较固定的科目，所以部门折旧科目的设置就是给部门选择一个折旧科目，录入卡片时，该科目自动显示在卡片中，并能自动生成折旧计提凭证。因录入卡片时，只能选择明细级部门，所以设置折旧科目也只有给明细级科目设置。

以上内容，可以在固定资产管理系统中，通过执行"设置"命令进行相关内容的操作。

三、原始固定资产卡片录入

在使用固定资产管理系统进行核算之前，必须将原始固定资产卡片资料录入系统，即将固定资产管理系统建账日期以前的数据录入到系统中。

录入原始固定资产卡片时，执行"卡片"|"录入原始卡片"命令，即可录入相关信息。

原始卡片不限制必须在第一个期间结账前录入，任何时候都可以录入原始卡片。凡是通过原始卡片录入的固定资产，本期都应提取折旧。

第三节　固定资产管理系统日常处理

固定资产日常处理是固定资产管理工作中非常重要的内容，主要包括资产增减、资产变动、资产评估和账表查询。

一、资产增减

资产增加是指通过购建、外单位转入、接受捐赠、盘盈等其他方式增加的企业资产。资产增加需要根据实际业务要求，输入一张新的固定资产卡片，与固定资产期初输入相对应。资产减少是指资产在使用过程中，由于各种原因，如出售、毁损、盘亏等退出企业，要做资产减少处理。资产减少需输入资产减少卡片并说明减少原因。

系统启用后，新增固定资产需要执行"卡片"|"资产增加"命令，录入相关信息。其录入方法与原始卡片的录入相同。二者的不同之处在于：通过"资产增加"命令录入的是系统启用后新增的固定资产，本期不计提折旧；而通过原始卡片录入的是系统启用前的期初数据，本期仍应计提折旧。

当企业不论何种原因发生资产减少时，都需要执行"卡片"|"资产减少"命令，作相关处理。由于当月减少固定资产当月照提折旧，所以必须在本期作计提折旧处理之后，才能进行资产减少的处理操作。

二、资产变动

资产变动主要包括原值变动、部门转移、使用状况变动、使用年限调整、折旧方法调整、净残值(率)调整、工作总量调整、累积折旧调整、资产类别调整、固定资产减值准备、计提与转回等。系统对已经变动的资产，要求输入相应的变动单来记录资产调整的结果。

资产变动时，执行"卡片"|"变动单"命令，根据变动情况录入相关信息。

三、资产评估

固定资产评估是资产评估很重要的组成部分，本系统资产评估主要功能有以下几个。
(1) 将评估机构的评估数据手工录入或定义公式录入到系统。
(2) 根据国家要求手工录入评估结果或根据定义的评估公式生成评估结果。
(3) 对评估单的管理。

本系统资产评估功能提供可评估的资产内容包括原值、累计折旧、净值、使用年限、工作总量、净残值率等。

进行资产评估时，执行"卡片"|"资产评估"命令，进入"资产评估"窗口，即可录入评估的项目和资产。

四、账表查询

固定资产管理系统提供的账表包括五类，即分析表、减值准备表、统计表、账簿和折旧表，用户可以通过执行"账表"|"我的账表"命令，进入"固定资产报表"窗口，查询自己所需的账表。

第四节 固定资产管理系统期末处理

当本期业务完成之后，需要对固定资产管理系统进行期末处理，期末处理包括折旧处理、批量制单、对账与结账。

一、折旧处理

自动计提折旧是固定资产管理系统的主要功能之一。系统每期计提折旧一次，根据录入系统的资料自动计算每项资产的折旧，并自动生成折旧分配表，然后制作记账凭证，将本期的折旧费用自动登账。

当开始计提折旧时，通过执行"处理"|"计提本月折旧"命令，可以自动计提所有资产的当期折旧额，并将当期的折旧额自动累加到累计折旧项目中。折旧计提完毕后，系统将自动生成折旧分配表。折旧分配表是制作记账凭证，将折旧费用分配到成本和费用的依据。系统提供了两种类型的折旧分配表，包括部门折旧分配表和类别折旧分配表，但是制作记账凭证时只能依据一个表。要根据哪一个表制作凭证，就需要在该表的查看状态下单击"凭证"按钮来进行。

进行折旧处理时，需注意以下几点。

(1) 在一个期间内可以多次计提折旧。每次计提折旧后，系统只是将计提的折旧累加到月初的累计折旧，不会重复累计。

(2) 如果上次计提折旧已制单并将数据传递到总账管理系统，则必须删除该凭证才能重新计提折旧。

(3) 若计提折旧后又对账套进行了影响折旧计算或分配的操作，则必须重新计提折旧，否则系统不允许结账。

(4) 如果自定义折旧方法的月折旧率或月折旧额出现负数，系统将自动中止计提。

二、批量制单

固定资产管理系统通过记账凭证向总账管理系统传递有关数据，如固定资产增加、资产减少、卡片修改、资产评估、原值变动、累计折旧调整、折旧分配等记账凭证。在该系统中编制这些相关凭证一般有两种方法：一是业务发生后立即制单，二是在期末批量制单。

批量制单时，执行"处理"|"批量制单"命令，进入"批量制单"窗口，通过"制单选择"和"制单设置"功能即可生成有关凭证。

三、对账与结账

根据会计制度的规定,每月都需要对固定资产进行月末结账。通常,只有当固定资产管理系统传递到总账管理系统的所有凭证都审核、记账后,才允许固定资产管理系统进行对账。对账平衡后,方可进行月末结账。

(一)对账

如果在系统初始设置或选项中选择了"与账务系统对账",则可以执行"处理"|"对账"命令,随时审查两个系统的资产价值是否相等,以保证固定资产系统中固定资产的价值和总账管理系统中固定资产科目的价值相等。对账操作不受时间限制,任何时候均可以进行对账。系统在执行月末结账时自动对账一次,给出对账结果。如果对账不平,需要根据在初始化设置或选项中是否选中"在对账不平情况下允许固定资产月末结账"复选框来判断是否可以进行结账处理。

(二)结账

在固定资产系统完成本月全部制单业务后,可以执行"处理"|"月末结账"命令进行月末结账。月末结账每月进行一次,结账后当期的数据不能修改。如果必须修改结账前的数据,只能执行"处理"|"恢复月末结账前状态"命令来完成,该命令是本系统提供的一个纠错功能。

实验七　固定资产管理

实验目的

- 熟悉固定资产管理系统的主要内容和操作流程。
- 掌握固定资产管理系统初始设置、日常处理和期末处理的操作方法。

实验内容

- 固定资产管理系统初始设置:设置固定资产账套参数、设置资产类别、设置增减方式、设置部门对应折旧科目、录入原始卡片。
- 固定资产管理系统日常处理:增加固定资产、资产评估、折旧处理、减少固定资产、资产变动、账表查询。
- 固定资产管理系统期末处理:批量制单、对账、结账。

实验准备

- 录入实验二的账套备份数据或在U盘上引入已备份的实验二的账套数据。
- 启用固定资产管理系统。

实验要求

002(赵静)负责固定资产管理的操作。

实验资料

1. 固定资产账套参数

固定资产账套的启用月份为"2021年1月",采用"平均年限法(一)"计提折旧,折旧汇总分配周期为1个月。当(月初已计提月份=可使用月份-1)时将剩余折旧全部提足,固定资产编码方式为"21120000",固定资产编码方式采用按"类别编号+部门编号+序号"自动编码,序号长度为3,要求固定资产与总账对账,固定资产对账科目为"1601",累计折旧对账科目为"1602",对账不平衡不允许固定资产月末结账。

2. 固定资产账套参数补充设置

业务发生后不立即制单,固定资产缺省入账科目:1601;累计折旧缺省入账科目:1602;减值准备缺省入账科目:1603;增值税进项税额缺省入账科目:22210101;固定资产清理缺省入账科目:1606。

3. 固定资产类别

固定资产类别见表6-1。

表6-1 固定资产类别

类别编码	类别名称	净残值率/%	计提属性	卡片样式
01	房屋及建筑物	4		通用样式
011	生产用房屋及建筑物	4	正常计提	通用样式
012	非生产用房屋及建筑物	4	正常计提	通用样式
02	机器设备	4		通用样式
021	生产用机器设备	4	正常计提	通用样式
022	非生产用机器设备	4	正常计提	通用样式

4. 固定资产增减方式对应入账科目

固定资产增减方式对应入账科目见表6-2。

表6-2 固定资产增减方式对应入账科目

增减方式	对应入账科目
直接购入	银行存款/工行存款(100201)
投资者投入	实收资本(4001)
盘盈	以前年度损益调整(6901)
毁损	固定资产清理(1606)
盘亏	待处理财产损溢/待处理固定资产损溢(190102)

5. 部门对应折旧科目

部门对应折旧科目见表 6-3。

表 6-3 部门对应折旧科目

部门名称	折旧科目
人事部、财务部、采购部	管理费用/折旧费(660204)
销售一部、销售二部	销售费用(6601)
生产部	制造费用(5101)

6. 固定资产原始卡片

固定资产原始卡片见表 6-4。

表 6-4 固定资产原始卡片

固定资产名称	办公楼	生产线	办公电脑
类别编号	011	021	022
使用部门	人事部	生产部	财务部
增加方式	直接购入	直接购入	直接购入
使用状况	在用	在用	在用
使用年限/年	30	10	5
折旧方法	平均年限法(一)	平均年限法(一)	平均年限法(一)
开始使用日期	2019.12.01	2019.12.01	2019.12.01
原值/%	200 000	140 000	10 000
净残值率/%	4	4	4
累计折旧	6 400	13 440	1 920
对应折旧科目	660 204	5 101	660 204

7. 新增固定资产

2021 年 1 月 5 日，为财务部购买计算机一台，原值为 8 000 元，预计使用年限为 4 年，净残率为 4%。

8. 资产评估

2021 年 1 月 10 日，对人事部办公楼进行资产评估，评估结果为原值 300 000 元，累计折旧 15 000 元。

9. 计提折旧

2021 年 1 月 31 日，计提本月固定资产折旧。

10. 资产减少

2021 年 1 月 31 日，财务部毁损计算机一台。

11. 资产变动

2021年2月3日,生产部的生产线添置新配件30 000元。

实验步骤

1. 设置固定资产账套参数

(1) 以账套主管"001 王健"的身份注册登录企业应用平台,启用固定资产管理系统,启用日期为2021年1月1日。

(2) 以"002 赵静"的身份重新注册进入企业应用平台,登录日期为2021年1月1日,在"业务工作"选项卡中执行"财务会计"|"固定资产"命令,系统弹出"是否进行初始化?"提示信息,单击"是"按钮,打开"初始化账套向导"对话框。

(3) 根据实验资料"1. 固定资产账套参数"依次确定固定资产账套参数。

(4) 当系统提示已完成时,如图 6-2 所示,单击"完成"按钮,确定并保存账套参数设置。

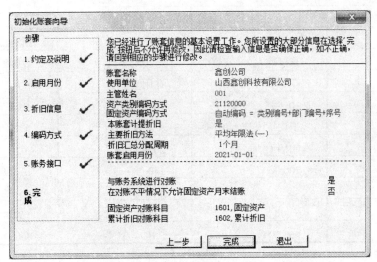

图 6-2 "初始化账套向导"对话框

注意事项:

资产类别编码方式设定以后,一旦某一级设置了类别,则该级的长度不能修改;每一个账套资产的自动编码方式只能选择一种,一经设定,该自动编码方式也不得修改。

2. 固定资产账套参数补充设置

(1) 执行"设置"|"选项"命令,进入"选项"窗口。

(2) 单击"编辑"按钮,打开"与账务系统接口"选项卡,选择缺省入账科目"固定资产(1601)""累计折旧(1602)"等,单击"确定"按钮。

3. 设置资产类别(微课视频:WK42)

(1) 在固定资产系统中执行"设置"|"资产类别"命令,进入"固定资

WK42.flv

产分类编码表"界面。

(2) 单击"增加"按钮，根据实验资料"3. 固定资产类别"设置"房屋及建筑物"的类别信息，如图6-3所示。

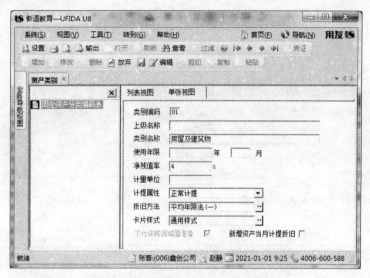

图6-3 "固定资产分类编码表"界面

(3) 设置后单击"保存"按钮，根据实验资料"3. 固定资产类别"，再增加其他的资产类别。

(4) 全部设置完成后，单击"退出"按钮返回。

4. 设置增减方式

(1) 在固定资产系统中执行"设置"|"增减方式"命令，进入"增减方式"窗口，系统显示固定资产的各种增减方式。

(2) 选择某一固定资产增加(或减少)方式，单击"修改"按钮，根据实验资料"4. 固定资产增减方式对应入账科目"设置"直接购入"方式的对应入账科目。

(3) 设置后单击"保存"按钮，根据实验资料"4. 固定资产增减方式对应入账科目"，再选择其他方式依次设置。

(4) 全部设置完成后单击"退出"按钮返回。

5. 设置部门对应折旧科目

(1) 在固定资产系统中执行"设置"|"部门对应折旧科目"命令，进入"部门编码目录"窗口。

(2) 选择某一部门，单击"修改"按钮，根据实验资料"5. 部门对应折旧科目"设置"人事部"对应的折旧科目。

(3) 设置后单击"保存"按钮，根据"5. 部门对应折旧科目"，再选择其他部门依次设置。

(4) 全部设置完成后单击"退出"按钮返回。

6. 录入原始卡片(微课视频：WK43)

(1) 执行"卡片"|"录入原始卡片"命令，进入"固定资产类别档案"窗口。

(2) 选择资产类别"生产用房屋及建筑物(011)"，单击"确定"按钮，进入"固定资产卡片"窗口。

(3) 根据实验资料"6. 固定资产原始卡片"，录入固定资产"办公楼"的相关信息。

(4) 录入完毕如图 6-4 所示，单击"保存"按钮。

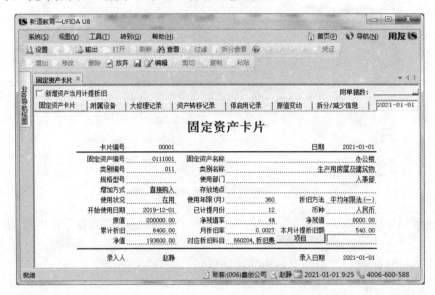

图 6-4 "固定资产卡片"窗口

(5) 同理，依次录入"生产线"和"办公电脑"原始卡片。

(6) 全部录入完成后单击"退出"按钮返回。

注意事项：

固定资产卡片录入完成后进行对账查看是否平衡如图 6-5 所示，如需修改和删除，执行"卡片"|"卡片管理"命令。在"卡片管理"窗口进行修改和删除的操作。

图 6-5 期初对账结果

7. 增加固定资产(微课视频：WK44)

(1) 以"002 赵静"的身份重新注册登录固定资产系统，登录日期为 2021 年 1 月 5 日。

(2) 执行"卡片"|"资产增加"命令，进入"固定资产类别档案"窗口。

(3) 选择资产类别"非生产用机器设备(022)"，单击"确定"按钮，进入"固定资产卡片"窗口。

(4) 根据实验资料"7. 新增固定资产"，录入新增固定资产"办公电脑"的相关信息。

(5) 录入完毕，单击"保存"按钮。

(6) 保存成功后单击"退出"按钮返回。

注意事项：
- 新卡片第一个月不提折旧，累计折旧为空或0。
- 卡片录入完成后可以不立即制单，月末进行批量制单。

WK44.flv

8. 资产评估(微课视频：WK45)

(1) 以"002 赵静"的身份重新注册登录固定资产系统，登录日期为 2021 年 1 月 10 日。

(2) 执行"卡片"|"资产评估"命令，进入"资产评估"窗口。

(3) 单击"增加"按钮，打开"评估资产选择"对话框。

(4) 选择可评估项目"原值"和"累计折旧"，单击"确定"按钮。

(5) 在"资产评估"窗口，选择评估资产"办公楼"的卡片编号，根据实验资料"8. 资产评估"录入评估后的数据，如图 6-6 所示。

(6) 单击"保存"按钮，系统提示"是否确认要进行资产评估？"，单击"是"按钮，系统提示"数据成功保存！"。

WK45.flv

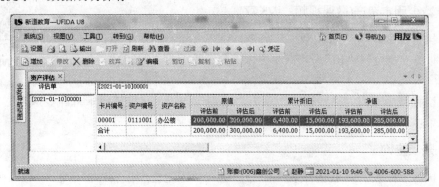

图 6-6 "资产评估"窗口

(7) 单击"确定"按钮返回。

9. 折旧处理(微课视频：WK46)

(1) 以"002 赵静"的身份，重新注册登录固定资产系统，登录日期为 2021 年 1 月 31 日。

WK46.flv

(2) 执行"处理"|"计提本月折旧"命令,系统弹出"是否要查看折旧清单?",单击"否"按钮。

(3) 根据系统提示计提折旧后,进入"折旧分配表"窗口,如图6-7所示。

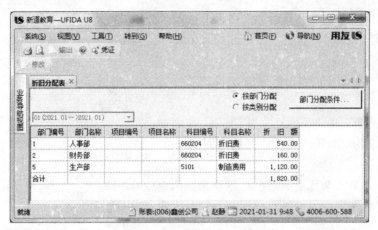

图6-7 "折旧分配表"窗口

(4) 单击"退出"按钮返回。

注意事项:
- 该功能在一个期间内可以多次计提折旧。每次计提折旧后,系统只是将计提的折旧累加到月初的累计折旧,不会重复累计。
- 如果上次计提折旧已制单并将数据传递到总账系统,则必须删除该凭证才能重新计提折旧。
- 若计提折旧后又对账套进行了影响折旧计算或分配的操作,必须重新计提折旧,否则系统不允许结账。

10. 减少固定资产(微课视频:WK47)

(1) 执行"卡片"|"资产减少"命令,进入"资产减少"窗口。

(2) 根据实验资料"10. 资产减少",选择卡片编号"00003",单击"增加"按钮。

(3) 设置减少方式为"毁损",单击"确定"按钮,系统提示卡片减少成功。

(4) 单击"确定"按钮返回。

11. 账表查询

(1) 执行"账表"|"我的账表"命令,进入"固定资产报表"窗口。

(2) 单击"折旧表",选择"固定资产折旧清单表"选项,打开"条件——固定资产折旧清单表"对话框,选择期间"2021.10",单击"确定"按钮,即可查看到固定资产折旧信息。

12. 批量制单(微课视频:WK48)

(1) 执行"处理"|"批量制单"命令,进入"批量制单"窗口。

(2) 在"制单选择"选项卡中，单击"全选"按钮或双击"选择"栏，选中要制单的业务。

(3) 切换到"制单设置"选项卡，单击"制单"按钮，系统进入"填制凭证"窗口。

(4) 选择相应的凭证类别，并修改其他项目，单击"保存"按钮，即可生成以下凭证。

① 直接购入资产

借：固定资产(1601)　　　　　8 000
　　贷：银行存款(100201)　　　8 000

② 评估资产

借：固定资产(1601)　　　　　100 000
　　贷：累计折旧(1602)　　　　　8 600
　　　　资本公积/投资评估增值(400201)　91 400

③ 计提第[10]期间折旧

借：制造费用(5101)　　　　　1 120
　　管理费用/折旧费(660204)　　540
　　管理费用/折旧费(660204)　　160
　　贷：累计折旧(1602)　　　　　1 820

④ 资产减少

借：累计折旧(1602)　　　　　2 080
　　固定资产清理(1606)　　　　7 920
　　贷：固定资产(1601)　　　　　10 000

(5) 保存成功后单击"退出"按钮返回。

13. 对账

(1) 执行"处理"|"对账"命令，系统给出与账务系统对账结果：不平衡。

(2) 以"003 周敏"的身份重新注册进入企业应用平台，登录日期为 2021 年 1 月 31 日，启用总账系统，对付款凭证进行出纳签字。

(3) 以"001 王健"的身份重新注册进入企业应用平台，登录日期为 2021 年 1 月 31 日，启用总账系统，对前面已生成的凭证审核并记账。

(4) 以"002 赵静"的身份重新注册进入企业应用平台，登录日期为 2021 年 1 月 31 日，进入固定资产系统，重新执行"处理"|"对账"命令，系统显示对账结果平衡，如图 6-8 所示。

(5) 单击"确定"按钮返回。

14. 结账

(1) 执行"处理"|"月末结账"命令，打开"月末结账"对话框。

(2) 单击"开始结账"按钮，系统开始结账。

(3) 系统给出结账后的提示信息，确定后返回，完成结账。

图6-8 期末对账结果

注意事项：

- 如果在初始设置时，选择了"与账务系统对账"功能，对账的操作不限制执行时间，任何时候都可以进行对账。
- 在总账管理系统已进行月末结账时，可以执行"处理"|"恢复月末结账前状态"命令，进行恢复结账前状态的操作。

15. 资产变动(微课视频：WK49)

WK49.flv

(1) 以"002 赵静"的身份重新注册进入企业应用平台，登录日期为2021年2月3日，执行"卡片"|"变动单"|"原值增加"命令，进入"固定资产变动单"窗口。

(2) 根据实验资料"11. 资产变动"，选择卡片编号"00002"，录入增加金额 30 000元，录入变动原因"添置新配件"，如图6-9所示，单击"保存"按钮。

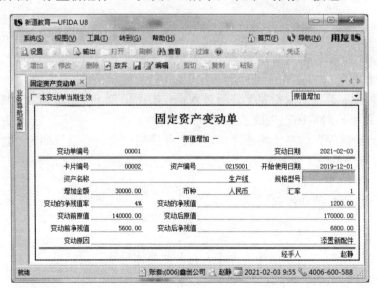

图6-9 "固定资产变动单"窗口

(3) 保存变动单后，单击"退出"按钮返回。

注意事项：
- 变动单不能修改，只有当月可删除重做，所以请仔细检查后再保存。
- 原值减少必须保证变动后的净值大于或等于变动后的净残值。
- 在用友软件固定资产管理系统中，本月录入的卡片和本月增加的资产不允许进行变动处理，只能在下月进行。

16. 账套备份

(1) 在硬盘建立"实验七 固定资产管理"文件夹。
(2) 将账套数据备份输出至"实验七 固定资产管理"文件夹中。

思考与练习

1. 固定资产的基础设置包括哪些内容？
2. 固定资产管理系统提供的制单方式有哪几种？
3. 固定资产管理系统日常处理包括哪些内容？
4. 固定资产期末处理主要应做哪些工作？这些工作是按照什么顺序进行的？

第七章 供应链管理系统的应用

【学习目标】
- 了解供应链管理系统的应用方案
- 熟悉供应链管理系统各模块间的数据传递关系
- 掌握供应链管理系统初始设置的内容和具体操作方法

第一节 供应链管理系统概述

供应链管理系统是财务管理软件的重要组成部分,它突破了会计核算软件单一财务管理的局限,实现了从财务管理到企业全面管理,不仅能满足各部门独立应用的需要,更能满足企业财务业务一体化全面管理的需要,实现了物流与资金流的统一管理。

一、供应链管理系统的应用方案

供应链管理系统包括采购管理、销售管理、库存管理和存货核算四个模块。其中每个模块既可以单独应用,也可以与相关子系统联合应用。一般应将采购管理系统与应付款管理系统、销售管理系统与应收款管理系统结合起来使用。

二、供应链管理系统业务处理流程

供应链管理系统的业务处理流程如图 7-1 所示。

1. 采购管理

采购管理的具体工作包括向库存管理系统传递采购入库单,追踪存货的入库数量,把握存货的畅滞信息,减少盲目采购,避免库存积压;向应付款管理系统传递采购发票,形成企业的应付账款;应付账款管理系统为采购管理系统提供采购发票的核销情况。

2. 销售管理

销售管理的具体工作包括向库存管理系统传递销售出库单,冲减库存管理系统的存货现存量,同时库存管理系统为销售管理系统提供可供销售存货的现存量;向应收款管理系统传递销售发票,形成企业的应收账款;应收款管理系统为销售管理系统提供销售发票的核销数据。

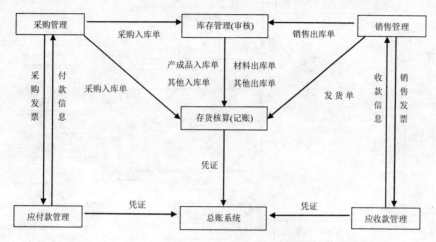

图 7-1　供应链管理系统业务处理流程

3. 库存管理

库存管理的具体工作包括接收在采购和销售管理系统中填制的各种出、入库单;向存货核算系统传递经审核后的出、入库单和盘点数据;接收存货核算系统传递过来的出、入库存货的成本。

4. 存货核算

存货核算的具体工作包括接收采购、销售和库存管理系统中传递的已审核过的出、入库单,进行记账,并生成记账凭证;向库存管理系统传递出、入库的存货成本信息;向采购管理系统和销售管理系统传递存货信息;接收成本管理系统中传递的产成品单位成本,进行产成品成本的分配。

在总账管理系统中接收应付款管理系统、存货核算系统及应收款管理系统中生成的记账凭证,并审核、记账形成企业的有关总账信息。

第二节　供应链管理系统初始设置

供应链管理系统的初始设置主要包括采购管理、销售管理、库存管理和存货核算的初始设置。做好该项初始化工作,可以在将来的工作中实现供应链的内部管理,并增强选取最优方案,进行财务业务一体化的能力。

一、供应链管理系统初始设置概述

(一)供应链管理系统初始设置的工作流程

供应链管理系统初始设置的工作流程如图 7-2 所示。

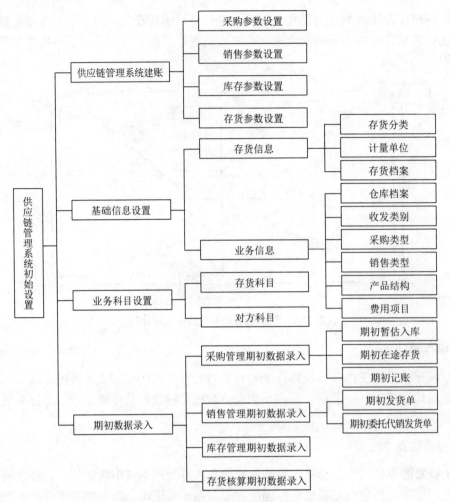

图 7-2 供应链管理系统初始设置的工作流程

(二)供应链管理系统初始设置的基本内容

供应链管理系统初始设置的基本内容包括供应链管理系统建账、基础信息设置、业务科目设置和期初数据录入。

1. 供应链管理系统建账

供应链管理系统建账是指供应链管理系统的参数设置,它规定了企业业务处理的规则及范围,主要是设置各个系统公用的和各自特有的基本信息,这些信息的设置将决定用户使用系统的业务流程、核算方式和数据流向。在进行选项设置之前,必须详细了解各选项对业务流程的影响,并结合企业的实际业务需要进行设置,还要注意各项参数设置的先后顺序。

2. 基础信息设置

供应链管理系统基础信息的设置主要包括存货分类、计量单位、存货档案、仓库档案、收发类别、采购类型、销售类型、产品结构和费用项目等内容。

3. 业务科目设置

存货核算系统是供应链管理系统与总账管理系统联系的桥梁，各种存货的购进、销售及其他出入库业务，均可在存货核算系统中生成凭证，并传递到总账管理系统。企业在制单前应事先设置相关科目，以便系统生成凭证时自动带出科目，所以供应链管理系统中的业务科目设置是在存货核算系统中实现的，主要包括存货科目和对方科目。

4. 期初数据录入

在供应链管理系统中，期初数据的录入至关重要，期初数据录入主要包括采购管理期初数据的录入、销售管理期初数据的录入、库存管理期初数据的录入和存货核算期初数据的录入。

二、供应链管理系统建账

供应链管理系统建账是指设置各个子系统的业务参数，通过对各个子系统公用的及各自特有信息的设置，决定用户使用系统的业务流程、业务模式和数据流向。由于有些选项在日常业务开始后不能随意更改，所以企业应结合自己的实际情况认真设置。

(一)采购管理系统业务参数设置

采购管理系统业务参数选项主要有业务及权限控制、公共及参照控制、采购预警和报警等。

(二)销售管理系统业务参数设置

销售管理系统业务参数选项主要有业务控制、其他控制、信用控制、可用量控制和价格管理等。

(三)库存管理系统业务参数设置

库存管理系统业务参数选项主要有通用设置、专用设置、可用量控制和可用量检查等。

(四)存货核算系统业务参数设置

存货核算系统业务参数选项主要有核算方式、控制方式、最高最低控制等。

三、基础信息设置

用友 ERP-U8v10.12 版本的公共信息基本是在企业应用平台中，通过选择"基础设置"|"基础档案"命令完成的，主要包括机构人员、客商信息、存货、财务、收付结算、业务等内容。其中，机构人员、客商信息、财务、收付结算等内容已在其他系统中介绍。本章主要介绍存货信息和业务信息的内容。

(一)存货信息

供应链管理系统的存货信息，主要包括存货分类、计量单位和存货档案。

1. 存货分类

企业可以根据对存货的管理要求对存货进行分类管理，以便于对业务数据进行统计和分析。存货分类用于设置存货分类编码、名称及所属经济分类。工业企业的存货可以分为三类，即材料、产成品、应税劳务等，材料、产成品在此基础上可以继续分类。商业企业的存货一般可以分为两类，即商品、应税劳务，商品在此基础上可以继续分类。

2. 计量单位

企业的存货种类繁多，不同的存货具有不同的计量单位，同一种存货用于不同业务，其计量单位也可能不同。例如，对于某种药品，采购和批发销售可能用"箱"作为计量单位，而库存和零售则可能用"盒"作为计量单位，财务上可能按"板"计价。因此在基础设置中，必须定义好存货的计量单位。计量单位的设置包括计量单位组和计量单位两项内容，实际操作时必须先增加计量单位组，然后再在该组下增加具体的计量单位内容。

1) 计量单位组

计量单位组的录入内容，包括计量单位组的编码、名称和计量单位组类别。其中，计量单位组类别包括"无换算""固定换算"和"浮动换算"三个选项。

2) 计量单位

"无换算"计量单位一般是指自然单位、度量衡等；"固定换算"是指各个计量单位之间存在着不变的换算比率，如 1 盒=6 板，1 箱=30 盒；"浮动换算"则指计量单位之间无固定换算率。无论是"固定换算"还是"浮动换算"关系的计量单位之间，都应该设置其中一个单位为"主计量单位"，其他单位以此为基础，按照一定的换算率进行折算。一般应将最小的计量单位设置为主计量单位。如上述例题，可以将"板"作为主计量单位。

若选择"无换算"选项，则该组下的所有计量单位都以单独形式存在，各计量单位之间不需要输入换算率，系统默认为主计量单位；若选择"固定换算"选项，则该组包括多个计量单位，其中一个为主计量单位，其余为辅计量单位；若选择"浮动换算"选项，则该组只能包括两个计量单位：一个为主计量单位，一个为辅计量单位。

3. 存货档案

存货档案主要完成对存货目录的设立和管理，以便于对这些存货进行资料管理、实物管理和业务数据的统计、分析。随同发货单或发票一起开具的应税劳务(如运输费)也应设置在存货档案中。

存货档案包括"基本""成本""控制"和"其他"等选项卡。

以上内容，在企业应用平台的"基础设置"选项卡中，通过执行"基础档案"|"存货"命令进行操作。

(二)业务信息

供应链管理系统的业务信息主要包括仓库档案、收发类别、采购类型、销售类型、产品结构和费用项目等内容。

以上内容，在企业应用平台的"基础设置"选项卡中，通过执行"基础档案"|"业务"命令进行相关内容的操作。

四、业务科目设置

(一)存货科目

存货科目是设置生成凭证所需要的各种存货科目和差异科目。存货科目既可以按仓库也可以按存货分类分别进行设置。通常应将采购入库的科目设置为"原材料",将销售出库的科目设置为"库存商品",将委托代销的科目设置为"发出商品"。

设置存货科目时,可以在企业应用平台的"业务工作"选项卡中,进入存货核算系统,通过执行"初始设置"|"科目设置"|"存货科目"命令进行设置。

(二)对方科目

对方科目是设置生成凭证所需要的存货对方科目,可以按收发类别设置。通常应将采购入库的对应科目设置为"在途物资",将暂估入库的对应科目设置为"应付账款——暂估应付款",盘盈入库的对应科目设置为"待处理财产损溢",将销售出库的对应科目设置为"主营业务成本"。

设置对方科目时,在企业应用平台的"业务工作"选项卡中,进入存货核算系统,通过执行"初始设置"|"科目设置"|"对方科目"命令进行设置。

五、供应链管理系统期初数据的录入

当基础信息和业务科目设置完成后,还需要将供应链管理系统启用的期初数据分别录入各子系统,以保证数据的连贯性。

(一)采购管理系统期初数据的录入

采购管理系统期初数据的录入主要包括期初暂估入库、期初在途存货、期初记账三项内容。

1. 期初暂估入库

期初暂估入库是将启用采购管理系统前没有取得供货单位采购发票,不能进行采购结算的入库单先按暂估价录入系统,以便取得发票后再进行采购结算。

在采购管理系统中执行"采购入库"|"入库单"命令,可以进行期初采购入库单的录入操作。

2. 期初在途存货

期初在途存货是将启用采购管理系统前已取得供货单位采购发票,货物没有入库,不能进行采购结算的发票录入系统,以便货物入库填制入库单后再进行采购结算。

在采购管理系统中执行"采购发票"|"专用采购发票"或"普通采购发票"命令,可以进行期初采购专用发票或期初采购普通发票的录入操作。

3. 期初记账

采购期初数据录入完成后,计算机会将所有的期初数据进行期初记账。期初记账是将采购期初数据记入有关采购余额一览表。

在采购管理系统中执行"设置"|"采购期初记账"命令，打开"期初记账"对话框，单击"记账"按钮，即可开始进行期初记账。

(二)销售管理系统期初数据的录入

销售管理系统的期初数据包括期初发货单和期初委托代销发货单。

录入销售期初数据时，应在销售管理系统中执行"设置"|"期初录入"|"期初发货单"或"期初委托代销发货单"命令，进入"期初发货单"或"期初委托代销发货单"窗口，单击"增加"按钮，进入编辑状态，待单据输入完成后，单击"保存"和"审核"按钮。

(三)库存管理系统期初数据的录入

库存管理系统期初数据录入方法有两种：一是在库存管理系统直接录入；二是从存货核算系统取数。

在库存管理系统直接录入期初数据时，执行"初始设置"|"期初结存"命令，进入"库存期初数据录入"窗口，选择仓库，单击"修改"按钮，录入各仓库期初数据并保存后，然后分仓库单击"审核"按钮即可。

(四)存货核算系统期初数据的录入

存货核算系统期初数据录入方法有两种：一是在存货核算系统直接录入；二是从库存管理系统取数。其直接录入方法与库存管理系统类似。

录入存货核算系统期初数据，当从库存管理系统取数时，在存货核算系统中执行"初始设置"|"期初数据"|"期初余额"命令，进入"期初余额"窗口，选择仓库，单击"取数"按钮，系统将自动从库存管理系统取出该仓库的全部存货信息；单击"对账"按钮，系统自动将存货核算系统与库存管理系统的存货数据进行核对。对账成功后，单击"记账"按钮，即可完成期初记账工作。

实验八　供应链管理系统初始设置

实验目的

- 熟悉供应链管理系统初始设置的主要内容和操作流程。
- 掌握供应链管理系统初始设置的操作方法。

实验内容

- 供应链管理系统建账。
- 基础信息设置。
- 业务科目设置。
- 期初数据录入。

实验准备

- 录入实验二的账套备份数据或在 U 盘上引入已备份的实验二的账套数据。
- 启用采购管理、销售管理、库存管理、存货核算、应收款管理、应付款管理系统。

实验要求

账套主管 001(王健)负责供应链管理系统初始设置的操作。

实验资料

1. 供应链各系统参数

1) 采购管理系统

专用发票默认税率：13%。

2) 销售管理系统

是否有委托代销业务：选中；是否销售生成出库单：选中；报价是否含税：不选；新增发货单默认：参照订单；新增退货单默认：参照发货数量；新增发票默认：参照发货数量；其他参数采用系统默认设置。

3) 库存管理系统

自动带出单价的单据：盘点单；按仓库控制盘点参数：选中；是否允许超预计可用量出库：选中；其他参数采用系统默认设置。

4) 存货核算系统

暂估方式：月初回冲；销售成本核算方式：销售出库单；委托代销成本核算方式：按发出商品数量核算；其他参数采用系统默认设置。

2. 基础档案信息

1) 存货分类

存货分类见表 7-1。

表 7-1 存货分类

存货分类编码	存货分类名称
01	原材料
02	产成品
03	配件
04	应税劳务

2) 计量单位组

计量单位组见表 7-2。

表 7-2 计量单位组

计量单位组编码	计量单位组名称	计量单位组类别
01	无换算关系	无换算率

3) 计量单位

计量单位见表 7-3。

表 7-3 计量单位

计量单位编码	计量单位名称	所属计量单位组类别
01	个	无换算率
02	盒	无换算率
03	只	无换算率
04	台	无换算率
05	千米	无换算率

4) 存货档案

存货档案见表 7-4。

表 7-4 存货档案

存货编码	存货名称	所属类别	主计量单位	税率/%	存货属性
01	主板	01	个	13	外购 生产耗用 内销
02	硬盘	01	盒	13	外购 生产耗用 内销
03	19寸显示器	01	台	13	外购 生产耗用 内销
04	键盘	01	只	13	外购 生产耗用 内销
05	台式电脑	02	台	13	自制 内销
06	笔记本电脑	02	台	13	外购 内销
07	扫描仪	03	台	13	外购 内销
08	运输费	04	千米	9%	内销 外购 应税劳务

5) 仓库档案

仓库档案见表 7-5。

表 7-5 仓库档案

仓库编码	仓库名称	计价方式
01	原料库	移动平均法
02	成品库	移动平均法
03	配件库	全月平均法

6) 收发类别

收发类别见表 7-6。

表 7-6 收发类别

收发类别编码	收发类别名称
1	采购入库
2	暂估入库
3	产成品入库
4	调拨入库
5	盘盈入库
6	销售出库
7	领料出库
8	调拨出库
9	盘亏出库

7) 采购类型
采购类型见表 7-7。

表 7-7 采购类型

采购类型编码	采购类型名称	入库类别	是否默认值
1	普通采购	采购入库	是

8) 销售类型
销售类型见表 7-8。

表 7-8 销售类型

销售类型编码	销售类型名称	出库类别	是否默认值
1	经销	销售出库	是
2	代销	销售出库	否

9) 开户银行
开户银行见表 7-9。

表 7-9 开户银行

编码	开户银行名称	银行账号	币种	所属银行编码
01	工商银行太原市新建南路分理处	050215670549	人民币	01
02	交通银行太原市平阳路分理处	041163508042	美元	00003

3. 业务科目设置

1) 根据存货分类设置存货科目
根据存货分类设置存货科目,见表 7-10。

表 7-10 存货科目编号

存货分类	存货科目编号
原材料	生产用原材料(140301)
产成品	库存商品(1405)
配件	库存商品(1405)

2) 根据收发类别设置存货的对方科目

根据收发类别设置存货的对方科目,见表 7-11。

表 7-11 存货的对方科目

收发分类	对方科目
采购入库	在途物资(1402)
暂估入库	应付账款(2202)
产成品入库	生产成本/直接材料(500101)
盘盈入库	待处理流动资产损溢(190101)
销售出库	主营业务成本(6401)
领料出库	生产成本/直接材料(500101)

3) 设置应收款管理系统中的常用科目

(1) 设置应收款管理系统的账套参数。

将坏账处理方式设置为"应收余额百分比法"。

(2) 基本科目设置。

基本科目设置见表 7-12。

表 7-12 基本科目设置

基本科目	对应科目
应收科目	应收账款(1122)
销售收入科目	主营业务收入(6001)
税金科目	应交税费/应交增值税/销项税额(22210102)
销售退回科目	主营业务收入(6001)

(3) 结算方式科目设置。

结算方式科目见表 7-13。

表 7-13 结算方式科目

结算方式名称	本单位账号	对应科目
现金结算	050215670549	库存现金(1001)
现金支票	050215670549	工行存款(100201)
转账支票	050215670549	工行存款(100201)

(4) 坏账准备设置。

提取比例：0.5%；期初余额：5 000；坏账准备科目：坏账准备(1231)；对方科目：信用减值损失(6701)。

4) 设置应付款管理系统中的常用科目

(1) 基本科目设置。

基本科目设置见表 7-14。

表 7-14　基本科目设置

基本科目	对应科目
应付科目	应付账款(2202)
采购科目	在途物资(1402)
税金科目	应交税费/应交增值税/进项税额(22210101)

(2) 结算方式科目设置。

结算方式科目设置见表 7-15。

表 7-15　结算方式科目设置

结算方式名称	本单位账号	对应科目
现金结算	050215670549	库存现金(1001)
现金支票	050215670549	工行存款(100201)
转账支票	050215670549	工行存款(100201)

4．期初数据

1) 采购管理系统期初数据

2020 年 12 月 24 日，收到易迅公司提供的主板 40 个，单价 500 元，商品已验收入原料库，至今未收到发票。

2) 销售管理系统期初数据

2020 年 12 月 26 日，销售一部向时代公司出售台式电脑 30 台，报价 4 000 元，由成品库发货，该发货单尚未开票。

3) 库存和存货核算系统期初数据

各仓库期初数据见表 7-16。

表 7-16　各仓库期初数据

仓库名称	存货名称	数　量	结存单价
原料库	主板	300	450
	硬盘	500	230
成品库	台式电脑	200	3 500
配件库	扫描仪	100	1 000

4) 应收款管理系统期初数据(以应收单形式录入)

应收账款期初余额见表 7-17。

表 7-17 应收账款期初余额

日 期	客 户	摘 要	方 向	金 额
2020.12.20	时代公司	销售商品	借	500 000

5) 应付款管理系统期初数据(以应付单形式录入)

应付账款期初余额见表 7-18。

表 7-18 应付账款期初余额

日 期	供应商	摘 要	方 向	金 额
2020.12.28	易迅公司	购货款	贷	289 700

实验步骤

1. 设置供应链管理各系统参数

(1) 以账套主管"001 王健"的身份注册登录企业应用平台,启用采购管理、销售管理、库存管理、存货核算、应收款管理、应付款管理系统,启用日期为 2021 年 1 月 1 日。

(2) 执行"供应链"|"采购管理"|"设置"|"采购选项"命令,进入"采购系统选项设置——请按照贵单位的业务认真设置"对话框,根据实验资料"1. 供应链各系统参数—1)"设置采购管理系统参数,如图 7-3 所示。

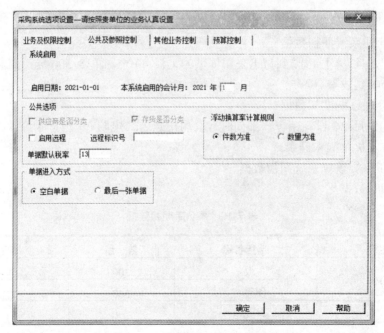

图 7-3 "采购系统选项设置——请按照贵单位的业务认真设置"对话框

(3) 执行"供应链"|"销售管理"|"设置"|"销售选项"命令,进入"销售选项"对话框,根据实验资料"1. 供应链各系统参数—2)"设置销售管理系统参数,如图 7-4 所示。

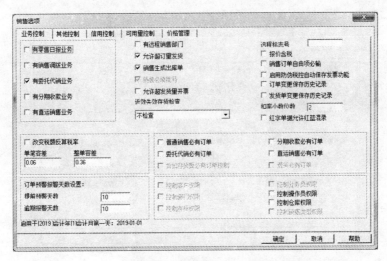

图 7-4 "销售选项"对话框

(4) 执行"供应链"|"库存管理"|"初始设置"|"选项"命令,进入"库存选项设置"对话框,根据实验资料"1. 供应链各系统参数—3)"设置库存管理系统参数,如图 7-5 所示。

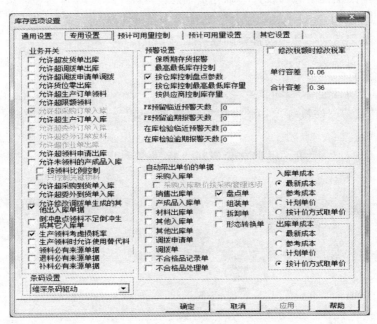

图 7-5 "库存选项设置"对话框

(5) 执行"供应链"|"存货核算"|"初始设置"|"选项"|"选项录入"命令,进入"选项录入"对话框,根据实验资料"1. 供应链各系统参数—4)"设置存货核算系统参

数,如图 7-6 所示。

图 7-6 "选项录入"对话框

2. 基础信息设置

(1) 在企业应用平台的"基础设置"选项卡中执行"基础档案"|"存货"命令,根据实验资料"2. 基础档案信息"设置基础存货信息。

(2) 在企业应用平台的"基础设置"选项卡中执行"基础档案"|"业务"命令,根据实验资料"2. 基础档案信息"设置基础业务信息。

3. 业务科目设置

1) 设置存货科目和对方科目

(1) 在存货核算系统执行"初始设置"|"科目设置"|"存货科目"命令,进入"存货科目"窗口。

(2) 单击"增加"按钮,根据实验资料"3. 业务科目设置—1)"设置存货科目,如图 7-7 所示。

仓库编码	仓库名称	存货分类编码	存货分类名称	存货编码	存货名称	存货科目编码	存货科目名称	差异科目编码
		01	原材料			140301	生产用原材料	
		02	产成品			1405	库存商品	
		03	配件			1405	库存商品	

图 7-7 "存货科目"窗口

(3) 执行"初始设置"|"科目设置"|"对方科目"命令,进入"对方科目"窗口。

(4) 单击"增加"按钮,根据实验资料"3. 业务科目设置—2)"设置存货对方科目,如图 7-8 所示。

图 7-8 "对方科目"窗口

2) 设置应收系统科目(微课视频：WK50)

(1) 在应收款管理系统执行"设置"|"选项"命令，打开"账套参数设置"对话框。

(2) 单击"编辑"按钮，根据实验资料"3. 业务科目设置—3)"设置坏账处理方式。

(3) 执行"设置"|"初始设置"命令，进入"初始设置"窗口。

(4) 根据实验资料"3. 业务科目设置—3)"设置基本科目、结算方式科目和坏账准备，如图 7-9 所示。

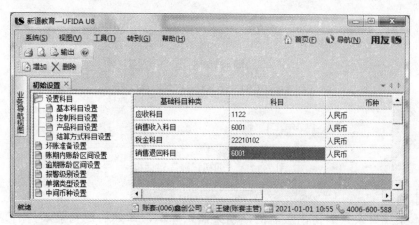

图 7-9 "初始设置"窗口

3) 设置应付系统科目(微课视频：WK51)

(1) 在应付款管理系统执行"设置"|"初始设置"命令，进入"初始设置"窗口。

(2) 根据实验资料"3. 业务科目设置—4)"设置基本科目和结算方式科目。

4. 采购管理系统期初数据录入(微课视频：WK52)

(1) 在采购管理系统执行"采购入库"|"采购入库单"命令，进入"期初采购入库单"窗口。

(2) 单击"增加"按钮，根据实验资料"4. 期初数据—1)"录入入库日期"2020-12-24",选择仓库"原料库",供货单位"易迅公司",部门"采购部"。

(3) 选择存货编码"01",录入数量"40",本币单价"500",保存后退出,如图 7-10 所示。

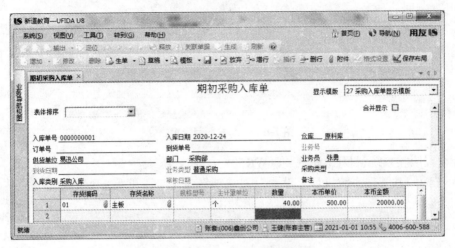

图 7-10 "期初采购入库单"窗口

(4) 执行"设置"|"采购期初记账"命令,打开"期初记账"对话框。

(5) 单击"记账"按钮,系统弹出"期初记账完毕!",确定后返回,如图 7-11 所示。

图 7-11 "期初记账"对话框

注意事项:
- 本系统只录入期初记账前的期初采购入库单,即期初货到票未到的暂估入库业务,期初记账后,日常采购入库单需要在库存管理系统中录入。
- 本系统只录入期初记账前的期初采购发票,即期初票到货未到的在途存货业务,期初记账后,录入的则为本期业务。
- 采购管理系统期初数据录入之后,必须进行期初记账,否则日常业务处理无法进行。如果没有期初数据,也要进行期初记账。
- 如果采购管理系统不进行期初记账操作,则库存管理系统和存货核算系统不能记账。

5. 销售管理系统期初数据录入(微课视频:WK53)

(1) 在销售管理系统执行"设置"|"期初录入"|"期初发货单"命令,进入"期初发货单"窗口。

WK53.flv

(2) 单击"增加"按钮，根据实验资料"4. 期初数据—2)"录入发货日期"2020-12-26"，选择销售类型"经销"，客户简称"时代公司"，销售部门"销售一部"。

(3) 选择仓库"成品库"，存货"台式电脑"，录入数量"30"，报价"4 000"，保存后单击"审核"按钮，审核发货单，如图7-12所示。

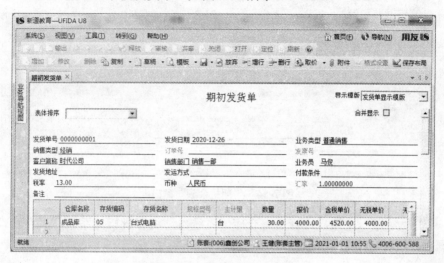

图7-12 "期初发货单"窗口

6. 库存管理系统期初数据录入(微课视频：WK54)

(1) 在库存管理系统执行"初始设置"|"期初结存"命令，进入"库存期初数据录入"窗口。

WK54.flv

(2) 根据实验资料"4. 期初数据—3)"，单击仓库"原料库"，单击"修改"按钮，选择存货编码"01"，录入数量"300"，单价"450"，单击"保存"按钮；再单击"审核"或"批审"按钮，确认该仓库录入的存货信息。

(3) 同理，选择其他仓库，录入各仓库期初数据，保存并审核，如图7-13所示。

图7-13 "库存期初数据录入"窗口

7. 存货核算系统期初数据录入(微课视频：WK55)

(1) 在存货核算系统，执行"初始设置"|"期初数据"|"期初余额"命

WK55.flv

令，进入"期初余额"窗口。

(2) 根据实验资料"4. 期初数据—3)"，选择仓库"原料库"，单击"取数"按钮，系统自动从库存管理系统取出该仓库的全部存货信息。

(3) 同理，对其他仓库进行取数操作，如图7-14所示。

图7-14　"期初余额"窗口

(4) 单击"对账"按钮，选择所有仓库，系统自动将存货核算系统与库存管理系统的存货数据进行核对，如图7-15所示。

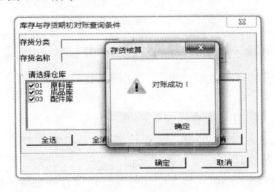

图7-15　对账成功

(5) 对账成功后单击"记账"按钮，完成期初记账工作。

7. 应收款管理系统期初数据录入(微课视频：WK56)

WK56.flv

(1) 在应收款管理系统执行"设置"|"期初余额"命令，打开"期初余额——查询"对话框。

(2) 单击"确定"按钮，进入"期初余额明细表"窗口。

(3) 单击"增加"按钮，打开"单据类别"对话框，选择单据名称"应收单"，单击"确定"按钮。

(4) 根据实验资料"4. 期初数据—4)"录入期初应收单，保存后退出，如图7-16所示。

(5) 单击"对账"按钮，与总账管理系统进行对账。

注意事项：

应收款管理系统期初数据录入后必须进行对账操作，以确保应收款管理系统与总账管理系统的"应收账款"科目期初余额相等。

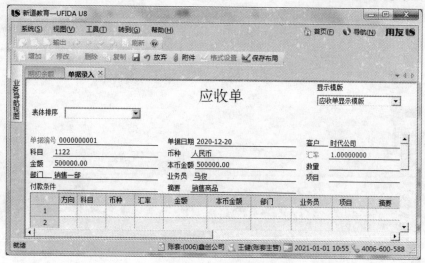

图 7-16　录入期初应收单

8. 应付款管理系统期初数据录入(微课视频：WK57)

WK57.flv

(1) 在应付款管理系统执行"设置"|"期初余额"命令，打开"期初余额——查询"对话框。

(2) 单击"确定"按钮，进入"期初余额明细表"窗口。

(3) 单击"增加"按钮，打开"单据类别"对话框，选择单据名称"应付单"，单击"确定"按钮。

(4) 根据实验资料"4. 期初数据—5)"录入期初应付单，保存后退出。

(5) 单击"对账"按钮，与总账管理系统进行对账。

注意事项：

应付款管理系统期初数据录入后必须进行对账操作，以确保应付款管理系统与总账管理系统的"应付账款"科目期初余额相等。

9. 账套备份

(1) 在硬盘建立"实验八　供应链管理系统初始设置"文件夹。

(2) 将账套数据备份输出至"实验八　供应链管理系统初始设置"文件夹中。

思考与练习

1. 供应链管理系统基础信息设置的主要内容有哪些？
2. 采购管理系统期初数据录入的内容有哪些？
3. 采购管理系统期初记账有什么意义？
4. 销售管理系统期初数据录入的内容有哪些？
5. 库存管理系统和存货核算系统期初数据录入的方法有哪些？

第八章 采购管理系统的应用

【学习目标】

- 掌握采购管理系统日常业务的处理流程和操作方法
- 了解采购管理系统与供应链管理系统的其他子系统、用友 ERP-U8 中的相关子系统之间的紧密联系和数据传递关系
- 掌握采购管理系统日常业务的操作方法

采购管理系统是用友 ERP-U8 供应链管理系统的一个子系统,采购业务的管理直接影响企业的整体运营水平,所以,企业应加强采购业务的核算和管理,以便帮助企业降低采购成本,提升企业竞争力。

第一节 采购管理系统概述

若采购业务管理不善,会导致生产缺料或物料过剩,从而给企业造成无法弥补的损失。所以,企业应对采购管理进行严格的控制,既要保证生产的顺利进行,又要维持合理的库存量,降低采购成本。

一、采购管理系统的工作流程

采购管理系统的工作流程如图 8-1 所示。

(一)采购业务

采购业务通常包括采购入库业务、采购退货业务和受托代销业务等内容。由于结算方式和采购地点不同,采购入库业务的入库和支付在时间上也不一定完全同步,根据采购业务性质不同,通常可将其分为单货同到业务、暂估业务和在途业务三种类型。

(二)月末结账

月末结账是将当月的单据数据封存,待结账处理后,如果发现已月末结账月份的某单据录入有错误,则可取消结账操作。

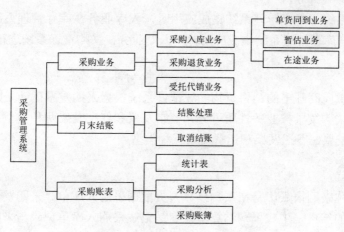

图 8-1 采购管理系统工作流程

(三)采购账表

采购管理的账簿报表主要是对采购业务产生的明细账表进行查询分析和打印输出。采购管理账表的内容包括统计表、采购分析和采购账簿。

二、采购业务的基本内容

采购业务的主要内容包括采购请购、采购订货、采购到货、采购入库、采购发票、采购结算、确定采购成本、确认应付账款及付款处理等内容。

(一)采购请购

采购请购是指企业内部各部门向采购部门提出采购申请,或采购部门汇总企业内部采购需求列出采购清单。请购是采购业务的起点,可以根据审核后的采购请购单生成采购订单。在采购业务处理流程中,请购环节可以省略。

(二)采购订货

采购订货是指企业与供应商签订采购合同或采购协议,确认订货需求。供应商根据订单组织货源,企业依据采购订单进行货物验收。在采购业务处理流程中,订货环节可以省略。

(三)采购到货

采购到货是采购订货和采购入库的中间环节,一般由采购业务员根据送货单填写,确认对方所送货物、数量、价格等信息准确无误。在采购业务处理流程中,到货环节也可以省略。

(四)采购入库

采购入库是指将供应商提供的存货经检验确认合格后,放入指定仓库的业务。仓库管理员要根据检验报告填制采购入库单,办理采购入库手续。采购入库单可以直接录入,也可参照采购订单或采购到货单生成。

当采购管理系统与库存管理系统集成应用时，入库业务在库存管理系统进行处理。当采购管理系统不与库存管理系统集成应用时，入库业务在采购管理系统进行处理。

(五)采购发票

采购发票是供应商开出的销售货物的凭证，系统根据采购发票确认采购成本，并据以登记应付账款。采购发票按业务性质可分为蓝字发票和红字发票两种类型；按发票类型可分为增值税专用发票、普通发票和运费发票三种类型。

(六)采购结算

采购结算也称采购报账，是指采购核算人员根据采购入库单、采购发票核算采购入库成本。采购结算的结果是生成采购结算单，它是记载采购入库单记录与采购发票记录对应关系的结算对照表。采购结算可分为自动结算和手工结算两种方式。

1. 自动结算

自动结算是系统自动将供货单位相同、存货相同且数量相等的采购入库单和采购发票进行结算。

2. 手工结算

手工结算是针对不能进行自动结算的存货的一种结算方式，系统提供了三种结算模式：入库单和发票、红蓝入库单、红蓝发票。由用户选择要结算的入库单和发票，可以进行正数入库单与负数入库单结算，正数发票与负数发票结算，正数入库单与正数发票结算，负数入库单与负数发票结算，费用发票单独结算。

(七)确定采购成本

采购结算后，系统可以自动根据采购入库单和采购发票确定其采购成本。

(八)确认应付账款及付款处理

确认应付账款及付款处理是在应付款管理系统进行的，主要完成经营业务转入的应付款项的形成和付款处理情况。根据结算方式不同可分为赊购业务和现付业务。

第二节 采 购 业 务

与采购业务相关的模块主要有采购管理、库存管理、存货核算、应付款管理和总账管理等系统，这些系统若集成使用，可以完整地处理企业的采购业务。采购业务包括采购入库业务、采购退货业务和受托代销业务等。

一、采购入库业务

(一)单货同到业务

对于单货同到业务，采购业务的处理包括物流和资金流两条线索。单货同到业务处理流程如图 8-2 所示。具体操作步骤如下所述。

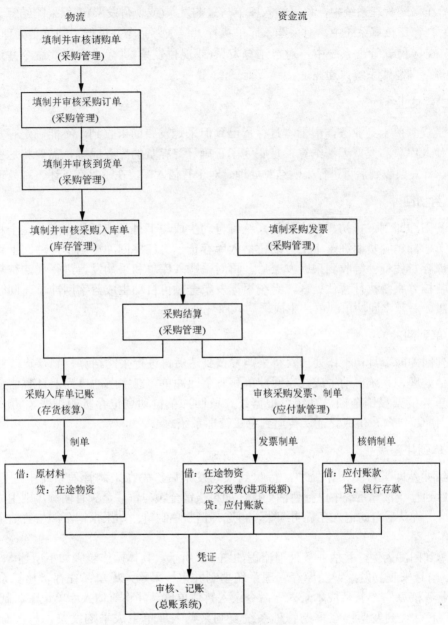

图 8-2　单货同到业务处理流程

(1) 在采购管理系统中，录入请购单并审核。
(2) 在采购管理系统中，右击复制请购单生成采购订单并审核。
(3) 在采购管理系统中，右击复制采购订单生成到货单。
(4) 在库存管理系统中，根据采购订单或到货单生成采购入库单并审核。
(5) 在采购管理系统中，右击复制采购入库单或采购订单生成采购发票并保存。若采用现付业务，还需单击"现付"按钮，打开"采购现付"对话框，录入结算方式及结算金额等信息。

(6) 在采购管理系统中，将采购入库单与采购发票(或现付发票)进行采购结算。

(7) 在存货核算系统中，对采购入库单执行"记账"命令并进行"制单"处理。

(8) 在应付款管理系统中，对已结算发票(或现付发票)执行"审核"命令并进行"制单"处理，向总账系统传递凭证。

(二)暂估业务

对于货到单未到业务，由于本月存货已到但采购发票尚未收到，不能确定存货的入库成本，使入库单和发票无法结算，月底为了正确计算存货的库存成本，需要将这些存货暂估入库，等发票收到后再进行采购结算处理。对于暂估入库，在下月有下述三种处理方式。

1. 月初回冲

月初回冲即到下月初，存货核算系统可自动生成与上月月末暂估入库单完全相同的红字回冲单，冲销存货明细账中上月的暂估入库存货，对红字回冲单制单，冲回上月月末的暂估入库存货凭证。等收到采购发票后，再对采购入库单和采购发票进行采购结算，然后进入存货核算系统执行暂估处理，系统根据发票金额可自动生成蓝字回冲单，同时登记存货明细账，对蓝字回冲单制单，生成采购入库凭证。

2. 单到回冲

单到回冲即下月初不作处理，待采购发票到达后再进行采购结算，到存货核算系统中进行暂估处理，系统自动生成红字回冲单和蓝字回冲单。红字回冲单为上月暂估金额，蓝字回冲单为发票报销金额，系统可根据红、蓝回冲单自动登记存货明细账，再分别根据红、蓝回冲单制单，生成凭证，传递到总账管理系统。

3. 单到补差

单到补差即下月初不作处理，待收到采购发票后，先在采购管理系统中进行采购结算，然后到存货核算系统中进行暂估处理，如果报销金额与暂估金额有差额，则生成一张入库调整单，确认后自动记入存货明细账，再选择调整单制单；如果报销金额与暂估金额无差额，不作处理。

以单到回冲为例，暂估业务处理流程如图 8-3 所示。具体操作步骤如下所述。

(1) 当月未收到发票：在库存管理系统填制并审核采购入库单；在存货核算系统通过执行"业务核算"|"暂估成本录入"命令录入暂估单价，并将暂估入库单记账、制单。

(2) 下月收到发票：在采购管理系统复制采购入库单生成采购发票，修改金额等信息，将采购入库单与采购发票结算；在存货核算系统通过执行"业务核算"|"结算成本处理"命令作暂估处理，分别选择红字回冲单和蓝字回冲单生成凭证；在应付款管理系统中审核采购发票、制单。

(三)在途业务

对于单到货未到业务，可以先进行采购发票处理，形成在途存货，等到货物到达后再进行采购入库处理；如果知道很快到货，也可先压单，等到货物到达后按照单货同到业务处理。

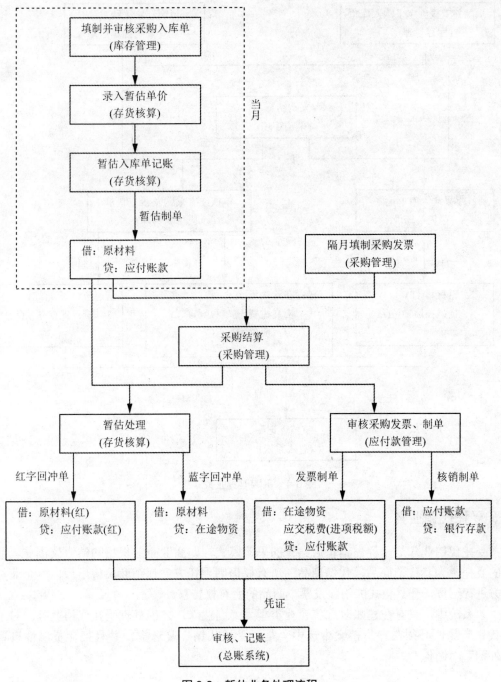

图 8-3 暂估业务处理流程

二、采购退货业务

由于所购货物质量、品种规格等方面与合同不符或其他原因会导致采购退货，其业务流程如图 8-4 所示。

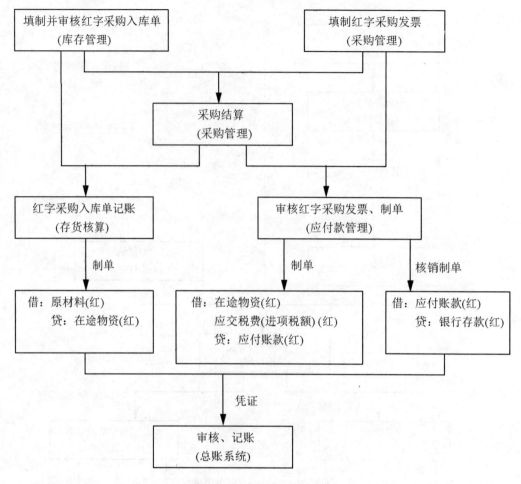

图 8-4 采购退货业务流程

三、受托代销业务

受托代销业务是一种先销售后结算的采购模式,即商业企业根据购销协议接受其他企业的委托,为其代销商品,代销商品的所有权仍归委托方;代销商品售出后,本企业与委托方进行结算,开具正式的销售发票,商品的所有权转移。

本系统中,只有在建账时选择企业类型为"商业",才能处理受托代销业务。对于受托代销商品,必须在存货档案中选中"是否受托代销"复选框,并且把存货属性设置为"外购""销售"。

第三节 月末结账和采购账表

月末结账是将当月的单据数据封存,结账后不允许再对该会计期的采购单据进行增加、修改、删除处理。该月未录入的单据只能视为下个月的单据进行处理。采购管理的账表主要是对采购业务产生的明细账表进行查询分析和打印输出。

一、月末结账

在采购管理系统中执行"月末结账"命令,进入"月末结账"窗口,选择结账的月份,单击"结账"按钮,计算机即可自动进行月末结账操作。

二、取消结账

月末结账后,如果发现已月末结账月份的某单据录入有错误,需要取消结账操作进行修改,那么可以选中月份,单击"取消结账"按钮,取消月末结账操作。

三、采购账表

采购管理系统的账簿报表主要是对采购业务产生的账表、数据进行查询、统计和分析。通过对明细表、统计表、余额表以及采购分析表的对比分析,可实现对采购业务管理的事中控制和事后分析。综合利用采购管理系统提供的各种账表及查询功能,可以全面提升企业的采购管理水平。采购管理账表主要包括统计表、采购分析和采购账簿等。

实验九 采 购 管 理

实验目的

- 熟悉采购管理系统的主要内容和操作流程。
- 掌握日常采购业务的操作方法。

实验内容

- 采购入库业务。
- 采购退货业务。
- 月末结账。

实验准备

- 录入实验八的账套备份数据或在U盘上录入已备份的实验八的账套数据。
- 设置采购专用发票的发票号"完全手工编号"。

实验要求

- 001(王健)负责采购专用发票发票号"完全手工编号"的操作。
- 004(张勇)负责采购管理的操作。

实验资料

1. 业务1

(1) 2021年1月3日,业务员张勇向上级主管提出请购要求,请购19寸显示器50

台，单价 1 200 元，供应商为朗新公司，业务员据此填制请购单，需求日期为 2015 年 1 月 6 日。

(2) 2021 年 1 月 4 日，上级主管同意向朗新公司订购 19 寸显示器 50 台，单价 1 200 元，要求到货日期为 2015 年 1 月 6 日。

(3) 2021 年 1 月 6 日，收到所订购的 19 寸显示器 50 台，填制到货单。

(4) 2021 年 1 月 6 日，将所收到的货物验收入原料库，同时收到该笔货物的专用发票一张，票号为 8604，采购部将发票交给财务部，财务部确认此业务所涉及的应付账款和采购成本。

(5) 财务部开出转账支票一张，支票号为 Z001，结清货款。

2. 业务 2

2021 年 1 月 9 日，向易迅公司购买键盘 400 只，单价 60 元，验收入原料库，同时收到专用发票一张，票号为 6623，立即以转账支票(支票号 Z002)形式支付货款，记材料明细账，确定采购成本，进行付款处理。

3. 业务 3

2021 年 1 月 12 日，向朗新公司购买硬盘 200 盒，单价 250 元，验收入原料库，同时收到专用发票一张，票号为 6624，另外，在采购过程中，发生了一笔运输费 200 元，税率为 9%，收到相应的专用发票一张，票号 8801，确定采购成本及应付账款，记材料明细账。

4. 业务 4

2021 年 1 月 15 日，收到易迅公司提供的上月已验收入库的 40 个主板的专用发票一张，票号为 8899，发票单价为 520 元，进行暂估报销处理，确定采购成本及应付账款。

5. 业务 5

2021 年 1 月 20 日，发现从易迅公司购买的键盘有质量问题，退回 10 只，单价 60 元，同时收到票号为 6628 的红字专用发票一张，并收到易迅公司交来转账支票(支票号 Z003)用以结清退货款，对红字采购入库单和红字采购发票进行结算处理，财务部冲销此业务所涉及的款项和采购成本。

实验步骤

1. 设置采购专用发票的发票号"完全手工编号"(微课视频：WK58)

WK58.flv

(1) 以账套主管"001 王健"的身份注册登录企业应用平台，执行"基础设置"|"单据设置"|"单据编号设置"命令，打开"单据编号设置"对话框。

(2) 执行"单据类型"|"采购管理"|"采购专用发票"命令，单击"修改"按钮，选中"完全手工编号"复选框，单击"保存"按钮。

(3) 同理，设置运费发票的发票号"完全手工编号"，如图 8-5 所示。

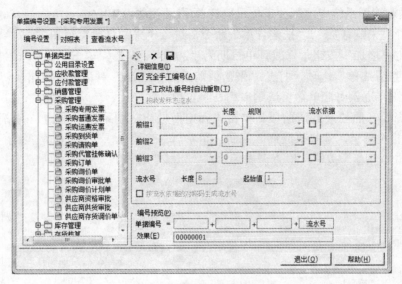

图 8-5 设置完全手工编号

2. 业务 1

业务类型：单货同到业务

1) 在采购管理系统中填制并审核采购请购单(微课视频：WK59)

WK59.flv

(1) 以"004 张勇"的身份注册进入企业应用平台，登录日期为 2021 年 1 月 6 日，在采购管理系统中执行"请购"|"请购单"命令，进入"采购请购单"窗口。

(2) 单击"增加"按钮，根据实验资料"1.业务 1"录入日期"2021-01-03"，选择请购部门"采购部"、请购人员"张勇"。

(3) 选择存货"03 19 寸显示器"，录入数量"50"，本币单价"1 200"，需求日期"2021-01-06"，供应商"朗新公司"。

(4) 单击"保存"按钮，检查无误后单击"审核"按钮，如图 8-6 所示。

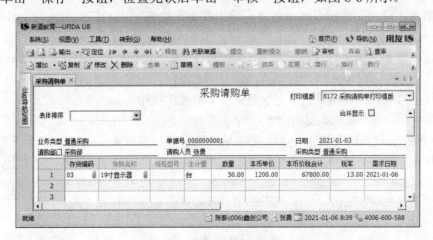

图 8-6 "采购请购单"窗口

(5) 单击"关闭"按钮，退出"采购请购单"窗口。

2) 在采购管理系统中填制并审核采购订单(微课视频：WK60)

(1) 执行"采购订货"|"采购订单"命令,进入"采购订单"窗口。

(2) 单击"增加"按钮,修改订单日期为"2021-01-04",单击"生单"按钮,选择"请购单"选项,打开"采购请购单列表过滤"对话框,单击"过滤"按钮,进入"订单拷贝请购单列表"窗口。

WK60.flv

(3) 选择要参照的采购请购单,单击"确定"按钮,则系统将根据采购请购单自动填充采购订单相关信息,选择供应商"朗新公司"。

(4) 单击"保存"按钮,检查无误后单击"审核"按钮,如图8-7所示。

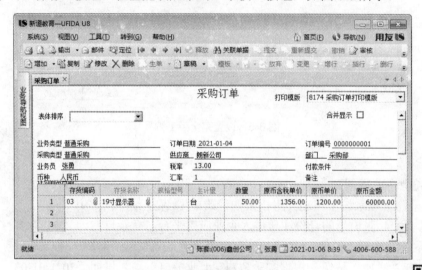

图8-7 "采购订单"窗口

WK61.flv

(5) 单击"关闭"按钮,退出"采购订单"窗口。

3) 在采购管理系统中填制并审核到货单(微课视频：WK61)

(1) 执行"采购到货"|"到货单"命令,进入"到货单"窗口。

(2) 单击"增加"按钮,再单击"生单"按钮,选择"采购订单"选项,打开"采购订单列表过滤"对话框,单击"过滤"按钮,进入"到货单拷贝订单列表"窗口。

(3) 选择要参照的采购订单,单击"确定"按钮,则系统就会根据采购订单自动填充采购到货单相关信息,选择部门"采购部"。

(4) 单击"保存"按钮,检查无误后单击"审核"按钮,如图8-8所示。

(5) 单击"关闭"按钮,退出"到货单"窗口。

4) 在库存管理系统中填制并审核采购入库单(微课视频：WK62)

(1) 在库存管理系统中执行"入库业务"|"采购入库单"命令,进入"采购入库单"窗口。

(2) 单击"生单"按钮,选择"采购到货单(蓝字)"选项,打开"采购到货单列表"对话框。

WK62.flv

(3) 单击"过滤"按钮,进入"到货单生单列表"窗口,选择要参照的到货单,单击"确定"按钮,则系统就可以根据采购到货单自动填充采购入库单相关信息,选择仓库"原料库",如图8-9所示。

第八章 采购管理系统的应用

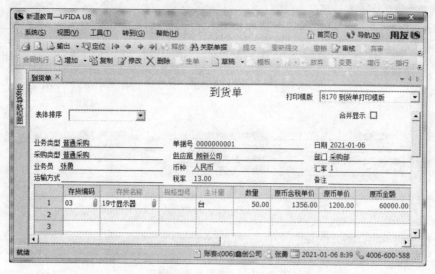

图 8-8 "到货单"窗口

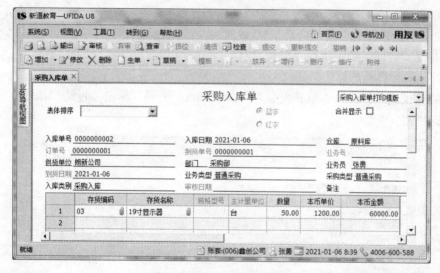

图 8-9 "采购入库单"窗口

(4) 单击"保存"按钮,检查无误后单击"审核"按钮,系统将弹出审核成功的提示信息。

(5) 单击"关闭"按钮,退出"采购入库单"窗口。

5) 在采购管理系统中填制采购发票(微课视频:WK63)

(1) 在采购管理系统中执行"采购发票"|"专用采购发票"命令,进入"专用发票"窗口。

WK63.flv

(2) 单击"增加"按钮,再单击"生单"按钮,选择"入库单"选项,打开"采购入库单列表过滤"对话框,单击"过滤"按钮,进入"发票拷贝入库单列表"窗口。

(3) 选择要参照的采购入库单,单击"确定"按钮,则系统将根据采购入库单自动填充采购专用发票相关信息,录入发票号"8604",如图 8-10 所示。

153

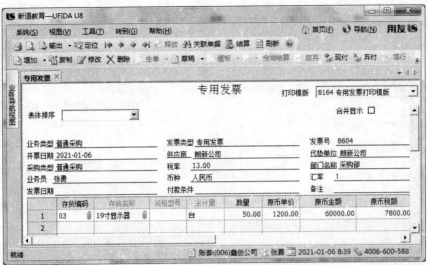

图 8-10 "专用发票"窗口

(4) 单击"保存"按钮,退出"专用发票"窗口。

6) 在采购管理系统中采购自动结算(微课视频:WK64)

(1) 在采购管理系统中执行"采购结算"|"自动结算"命令,打开"查询条件选择-采购自动结算"对话框。

(2) 结算模式选择"入库单和发票",如图 8-11 所示。单击"过滤"按钮,系统提示"全部成功!"。

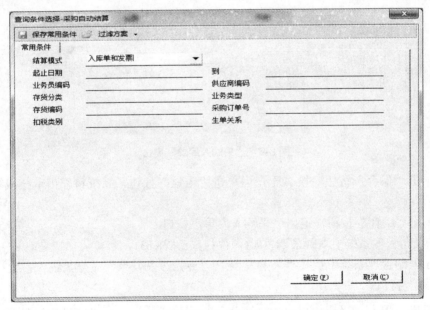

图 8-11 "查询条件选择-采购自动结算"对话框

(3) 单击"确定"按钮返回。

7) 在存货核算系统中记账并生成入库凭证(微课视频：WK65)

WK65.flv

(1) 在存货核算系统中执行"业务核算"|"正常单据记账"命令，打开"过滤条件选择"对话框。

(2) 单击"过滤"按钮，进入"正常单据记账列表"窗口，如图8-12所示。

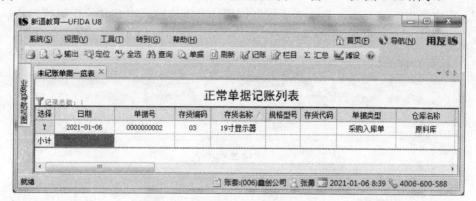

图8-12 "正常单据记账列表"窗口

(3) 选择要记账的单据，单击"记账"按钮，退出"正常单据记账"窗口。

(4) 执行"财务核算"|"生成凭证"命令，进入"生成凭证"窗口。

(5) 单击工具栏上的"选择"按钮，打开"查询条件"对话框。

(6) 单击"确定"按钮，进入"未生成凭证单据一览表"窗口。

(7) 选择要制单的记录行，单击"确定"按钮，进入"生成凭证"窗口，如图8-13所示。

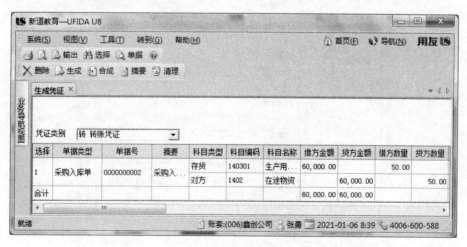

图8-13 "生成凭证"窗口

(8) 选择凭证类别"转账凭证"，单击"生成"按钮，进入"填制凭证"窗口。

(9) 单击"保存"按钮，生成以下入库凭证。

借：原材料/生产用原材料(140301)　　　60 000

　　贷：在途物资(1402)　　　　　　　　　　　　60 000

8) 在应付款管理系统中审核采购专用发票并生成应付凭证(微课视频：WK66)

(1) 以"001 王健"的身份注册进入企业应用平台，登录日期为2021年1月6日，在应付款管理系统中执行"应付单据处理"|"应付单据审核"命令，打开"应付单过滤条件"对话框。

(2) 单击"确定"按钮，进入"应付单据列表"窗口。

(3) 选中待审核的发票，单击"审核"按钮，系统将完成审核并给出审核报告，单击"确定"按钮返回，如图8-14所示。

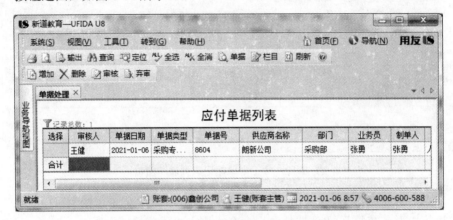

图8-14 "应付单据列表"窗口

(4) 执行"制单处理"命令，打开"制单查询"对话框，选中"发票制单"复选框，单击"确定"按钮，进入"采购发票制单"窗口，如图8-15所示。

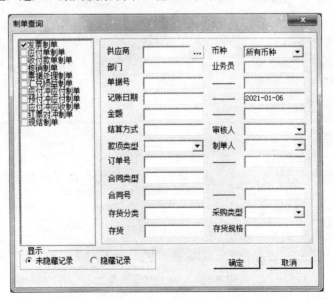

图8-15 "制单查询"对话框

(5) 选择凭证类别"转账凭证"，单击"全选"按钮或在要选择单据的"选择标志"栏中录入"1"，再单击"制单"按钮，进入"填制凭证"窗口。

(6) 单击"保存"按钮，生成以下凭证。

借：在途物资(1402)　　　　　　　　　　　　　　60 000
　　应交税费/应交增值税/进项税额(22210101)　　 7 800
　　贷：应付账款(2202)　　　　　　　　　　　　　　67 800

WK67.flv

9) 在应付款管理系统中付款处理并生成付款凭证(微课视频：WK67)

(1) 在应付款管理系统中执行"付款单据处理"|"付款单据录入"命令，进入"付款单"窗口。

(2) 单击"增加"按钮，选择供应商"朗新公司"，结算方式"转账支票"，金额"67 800"，票据号"Z001"，保存后，如图 8-16 所示，单击"审核"按钮，系统提示"是否立即制单？"，单击"是"按钮，进入"填制凭证"窗口。

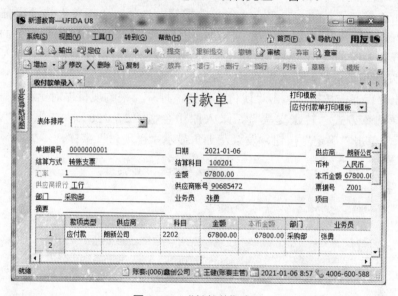

图 8-16　"付款单"窗口

(3) 选择凭证类别"付款凭证"，单击"保存"按钮，生成以下付款凭证。

借：应付账款(2202)　　　　　　　　　　　　　　67 800
　　贷：银行存款/工行存款(100201)　　　　　　　　67 800

注意事项：
- 采购结算后，采购入库单和采购发票不能修改和删除，要修改或删除，必须先取消采购结算。
- 取消采购结算的方法是在"结算单列表"窗口，单击"删除"按钮。
- 在应付款管理系统可以采用"立即制单"的方式生成凭证，也可以通过"制单处理"菜单进行批量制单。

3. 业务 2

业务类型：现付业务

1) 在库存管理系统中填制并审核采购入库单

(1) 以"004 张勇"的身份注册进入企业应用平台，登录日期为 2021 年 1 月 9 日，在

库存管理系统中执行"入库业务"|"采购入库单"命令，进入"采购入库单"窗口。

(2) 单击"增加"按钮，根据实验资料"2. 业务 2"，选择仓库"原料库"，供货单位"易迅公司"，入库类别"采购入库"，存货"04 键盘"，录入数量"400"，本币单价"60"。

(3) 单击"保存"按钮，再单击"审核"按钮，系统提示审核成功，单击"确定"按钮返回。

2) 在采购管理系统中录入采购专用发票进行现结处理和采购结算(微课视频：WK68)

(1) 在采购管理系统中执行"采购发票"|"专用采购发票"命令，进入"专用发票"窗口。

(2) 单击"增加"按钮，再单击"生单"按钮，选择"入库单"选项，打开"采购入库单列表过滤"对话框，单击"过滤"按钮，进入"发票拷贝入库单列表"窗口。

(3) 选择要参照的采购入库单，单击"确定"按钮，则系统将根据采购入库单自动填充采购专用发票相关信息，录入发票号"6623"。

(4) 单击"保存"按钮，单击"现付"按钮，打开"采购现付"对话框。

(5) 选择结算方式"转账支票"，录入原币金额"27 120"，支票号"Z002"，如图 8-17 所示，单击"确定"按钮，发票左上角显示"已现付"字样。

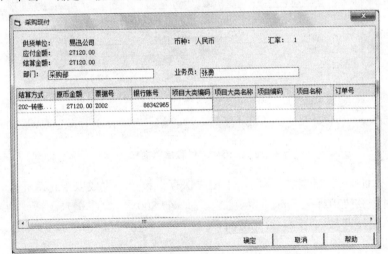

图 8-17 "采购现付"对话框

(6) 单击"结算"按钮，发票左上角显示"已结算"字样。

3) 在存货核算系统中记账并生成入库凭证

操作步骤参见业务(1—7)，生成以下入库凭证。

借：原材料/生产用原材料(140301)　　24 000
　　贷：在途物资(1402)　　　　　　　　　24 000

4) 在应付款管理系统中审核发票并现结制单

(1) 以"001 王健"的身份注册进入企业应用平台，登录日期为 2021 年 1 月 9 日，在应付款管理系统中执行"应付单据处理"|"应付单据审核"命令，打开"应付单过滤条

件"对话框。

(2) 选中"包含已现结发票"复选框,单击"确定"按钮,进入"应付单据列表"窗口。

(3) 选中待审核的发票,单击"审核"按钮,系统将完成审核并给出审核报告,单击"确定"按钮返回。

(4) 执行"制单处理"命令,打开"制单查询"对话框,选中"现结制单"复选框,单击"确定"按钮,进入"应付制单"窗口。

(5) 选择凭证类别"付款凭证",单击"全选"按钮或在要选择单据的"选择标志"栏中录入"1",单击"制单"按钮,进入"填制凭证"窗口。

(6) 单击"保存"按钮,生成以下付款凭证。

借:在途物资(1402)   24 000
　　应交税费/应交增值税/进项税额(22210101)   3 120
　贷:银行存款/工行存款(100201)   27 120

4. 业务3

业务类型:采购运费业务

1) 在库存管理系统中填制并审核采购入库单

(1) 以"004 张勇"的身份注册进入企业应用平台,登录日期为2021年1月12日,在库存管理系统中执行"入库业务"|"采购入库单"命令,进入"采购入库单"窗口。

(2) 单击"增加"按钮,根据实验资料"2. 业务3",选择仓库"原料库",供货单位"朗新公司",入库类别"采购入库",存货"02 硬盘",录入数量"200",本币单价"250"。

(3) 单击"保存"按钮,再单击"审核"按钮,系统提示审核成功后,单击"确定"按钮返回。

2) 在采购管理系统中填制采购发票

(1) 在采购管理系统中执行"采购发票"|"专用采购发票"命令,进入"专用发票"窗口。

(2) 单击"增加"按钮,再单击"生单"按钮,选择"入库单"选项,打开"采购入库单列表过滤"对话框,单击"过滤"按钮,进入"发票拷贝入库单列表"窗口。

(3) 选择要参照的采购入库单,单击"确定"按钮,则系统将根据采购入库单自动填充采购专用发票相关信息,录入发票号"6624"。

(4) 单击"保存"按钮。

(5) 单击"增加"按钮,录入发票号"8801",供货单位"朗新公司",税率"9%",存货"08 运输费",金额"200"。

(6) 单击"保存"按钮,退出"采购专用发票"窗口。

3) 在采购管理系统中采购手工结算(微课视频:WK69)

(1) 在采购管理系统中执行"采购结算"|"手工结算"命令,打开"采购手工结算"对话框。

WK69.flv

(2) 单击"选单"按钮,打开"结算选单"对话框,单击"查询"按钮,打开"查询条件选择"对话框,单击"确定"按钮,上方显示采购专用发票和运费发票,下方显示采购入库单,如图8-18所示。

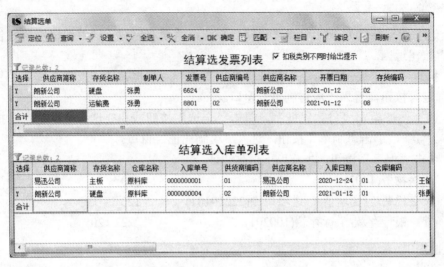

图8-18 "结算选单"对话框

(3) 选择要结算的入库单、运费发票和采购专用发票,单击"确定"按钮,返回"手工结算"窗口,如图8-19所示。

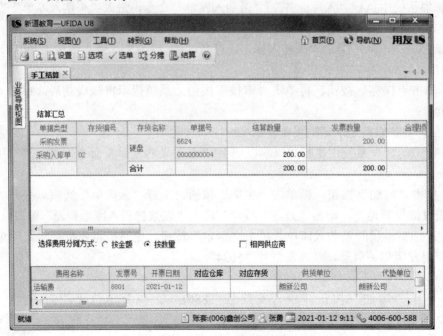

图8-19 "手工结算"窗口

(4) 选择费用分摊方式为"按数量",单击"分摊"按钮,系统弹出关于分摊方式确认的信息提示对话框后,单击"是"按钮确认。

(5) 单击"结算"按钮,系统提示"完成结算!",单击"确定"按钮返回。

4) 在存货核算系统中记账并生成入库凭证

操作步骤参见业务(1—7)，生成以下入库凭证。

借：原材料/生产用原材料(140301)　　　　50 200
　　　贷：在途物资(1402)　　　　　　　　　　　50 200

5) 在应付款管理系统中审核采购专用发票并合并生成应付凭证

(1) 以"001 王健"的身份注册进入企业应用平台，登录日期为 2021 年 1 月 12 日，在应付款管理系统中执行"应付单据处理"|"应付单据审核"命令，打开"应付单过滤条件"对话框。

(2) 单击"确定"按钮，进入"应付单据列表"窗口。

(3) 选中待审核的发票，单击"审核"按钮，系统将完成审核并给出审核报告，单击"确定"按钮返回。

(4) 执行"制单处理"命令，打开"制单查询"对话框，选中"发票制单"复选框，单击"确定"按钮，进入"采购发票制单"窗口。

(5) 选择凭证类别"转账凭证"，单击"全选"按钮，再单击"合并"按钮，如图 8-20 所示。

图 8-20　"采购发票制单"窗口

(6) 单击"制单"按钮，进入"填制凭证"窗口，再单击"保存"按钮，生成以下凭证。

借：在途物资(1402)　　　　　　　　　　　　　　　50 200
　　应交税费/应交增值税/进项税额(22210101)　　　 6 518
　　　贷：应付账款(2202)　　　　　　　　　　　　　　56 718

5. 业务 4

业务类型：暂估业务

1) 在采购管理系统中填制采购发票

(1) 以"004 张勇"的身份注册进入企业应用平台，登录日期为 2021 年 1 月 15 日，在采购管理系统中执行"采购发票"|"专用采购发票"命令，进入"专用发票"窗口。

(2) 单击"增加"按钮，再单击"生单"按钮，选择"入库单"选项，打开"采购入库单列表过滤"对话框,然后单击"过滤"按钮,进入"发票拷贝入库单列表"窗口。

(3) 选择要参照的采购入库单,单击"确定"按钮,则系统将根据采购入库单自动填充采购专用发票相关信息,录入发票号"8899",修改单价为"520",单击"保存"按钮。

2) 在采购管理系统中进行手工结算

(1) 在采购管理系统中执行"采购结算"|"手工结算"命令,进入"手工结算"窗口。

(2) 单击"选单"按钮,打开"结算选单"对话框。

(3) 单击"查询"按钮,打开"过滤条件选择"对话框。

(4) 单击"过滤"按钮,选择要结算的入库单和发票,单击"确定"按钮返回"手工结算"窗口。

(5) 单击"结算"按钮,系统提示"完成结算!",单击"确定"按钮返回。

3) 在存货核算系统中进行暂估成本处理并生成凭证(微课视频:WK70)

(1) 在存货核算系统中执行"业务核算"|"结算成本处理"命令,打开"暂估处理查询"对话框。

WK70.flv

(2) 选择仓库"原料库",再单击"确定"按钮,进入"结算成本处理"窗口。

(3) 选择要进行暂估结算的单据,单击"暂估"按钮,完成结算后退出。

(4) 执行"财务核算"|"生成凭证"命令,进入"生成凭证"窗口。

(5) 单击"选择"按钮,打开"查询条件"对话框。

(6) 单击"确定"按钮返回。

(7) 单击"全选"按钮,再单击"确定"按钮,进入"生成凭证"窗口。

(8) 单击"保存"按钮,保存红字回冲单生成的凭证。

借:原材料/生产用原材料(140301)　　　20 000(红)
　　贷:应付账款(2202)　　　　　　　　20 000(红)

(9) 单击"下张"按钮,再单击"保存"按钮,保存蓝字回冲单生成的凭证。

借:原材料/生产用原材料(140301)　　　20 800
　　贷:在途物资(1402)　　　　　　　　20 800

4) 在应付款管理系统中审核发票并生成应付凭证

(1) 以"001 王健"的身份注册进入企业应用平台,登录日期为 2021 年 1 月 15 日,在应付款管理系统中执行"应付单据处理"|"应付单据审核"命令,打开"应付单过滤条件"对话框。

(2) 单击"确定"按钮,进入"应付单据列表"窗口。

(3) 选中待审核的发票,单击"审核"按钮,系统将完成审核并给出审核报告,单击"确定"按钮返回。

(4) 执行"制单处理"命令,打开"制单查询"对话框,选中"发票制单"复选框,单击"确定"按钮,进入"采购发票制单"窗口。

(5) 选择凭证类别"转账凭证",单击"全选"按钮或在要选择单据的"选择标志"栏中录入"1",单击"制单"按钮,进入"填制凭证"窗口。

(6) 单击"保存"按钮,生成以下转账凭证。

借：在途物资(1402)   20 800
　　应交税费/应交增值税/进项税额(22210101)   2 704
　贷：应付账款(2202)   23 504

6. 业务5

业务类型：采购退货

1) 在库存管理系统中填制并审核红字采购入库单(微课视频：WK71)

(1) 以"004 张勇"的身份注册进入企业应用平台，登录日期为2021年1月20日，在库存管理系统中执行"入库业务"|"采购入库单"命令，进入"采购入库单"窗口。

(2) 单击"增加"按钮，选择"红字"选项，根据实验资料"4.业务4"，选择仓库"原料库"，供货单位"易迅公司"，入库类别"采购入库"，存货"04 键盘"，录入退货数量"-10"，本币单价"60"。

(3) 单击"保存"按钮，再单击"审核"按钮，系统提示审核成功后，单击"确定"按钮返回。

2) 在采购管理系统中录入红字采购专用发票并进行先付处理(微课视频：WK72)

(1) 在采购管理系统中执行"采购发票"|"红字专用采购发票"命令，进入"专用发票(红字)"窗口。

(2) 单击"增加"按钮，再单击"生单"按钮，选择"入库单"选项，进入"采购入库单列表过滤"窗口，单击"过滤"按钮，进入"发票拷贝入库单列表"窗口。

(3) 选择要参照的采购入库单，单击"确定"按钮，则系统将根据红字采购入库单自动填充红字采购专用发票相关信息，录入发票号"6628"。

(4) 单击"保存"按钮，再单击"现付"按钮，打开"采购现付"对话框。

(5) 选择结算方式"转账支票"，录入原币金额"-678"，票据号"Z003"，单击"确定"按钮，发票左上角显示"已现付"字样。

3) 在采购管理系统中进行采购结算

采购结算可采用自动结算或手工结算，操作步骤参见"2.业务(1—6)"或"4.业务(3—2)"。

4) 在存货核算系统中记账并生成入库凭证

操作步骤参见"2.业务(1—7)"，生成以下入库凭证。

借：原材料/生产用原材料(140301)   600(红字)
　贷：在途物资(1402)   600(红字)

5) 在应付款管理系统中审核红字采购专用发票并生成付款凭证

操作步骤参见"3.业务(2—3)"，生成以下凭证。

借：在途物资(1402)   600(红字)
　　应交税费/应交增值税/进项税额(22210101)   78(红字)
　贷：银行存款/工行存款(100201)   678(红字)

7. 月末结账

(1) 在采购管理系统中执行"月末结账"命令，进入"月末结账"窗口。

(2) 选中结账的月份，单击"结账"按钮，计算机就会自动进行月末结账，月末结账完毕，在"是否结账"栏显示"已结账"字样。

注意事项：
- 没有期初记账，将不允许月末结账。
- 采购管理系统月末结账后，才能进行应付款管理系统、库存管理系统、存货核算系统的月末结账。
- 月末结账后，已结账月的采购入库单、采购发票不可修改和删除。
- 不允许跳月取消月末结账，只能从最后一个月逐月取消。
- 如果采购管理系统要取消月末处理，必须先取消应付款管理、库存管理、存货核算系统的月末结账。

8. 账套备份

(1) 在硬盘建立"实验九 采购管理"文件夹。

(2) 将账套数据备份输出至"实验九 采购管理"文件夹中。

思考与练习

1. 采购业务的基本内容有哪些？
2. 试述采购入库单货同行业务处理流程。
3. 暂估入库业务的处理方式有哪几种？
4. 采购退货业务的处理流程包括哪些内容？

第九章 销售管理系统的应用

【学习目标】

- 掌握销售管理系统日常业务的处理流程和处理方法
- 了解销售管理系统与供应链管理系统的其他子系统、用友 ERP-U8 中的相关子系统之间的紧密联系和数据传递关系
- 掌握销售管理系统处理日常业务的操作方法

第一节 销售管理系统概述

销售部门在企业供应链中处于市场与企业接口的位置,其主要职能是为客户提供产品及其服务,从而实现企业的资金周转并获取利润,为企业提供生存与发展的动力。因此,销售核算和管理是企业会计工作的重要内容。企业会计人员应对企业销售数据进行科学的分析,为企业经营管理者提供可靠、合理的决策依据。

一、销售管理系统的工作流程

销售管理系统工作流程如图 9-1 所示。

(一)销售业务

销售业务通常包括普通销售业务、销售退货业务、委托代销业务等内容。由于结算方式和销售方式的不同,销售业务的出库和收款在时间上不一定完全同步,通常可分为先发货后开票和开票直接发货两种方式。

(二)月末结账

月末结账是将当月的单据数据封存。结账只能每月进行一次,一般在当前的会计期间结束时进行。结账后本月不能再进行发货、开票、代垫费用等业务的增、删、改等处理。如果用户觉得某月的月末结账有错误,可以取消月末结账。

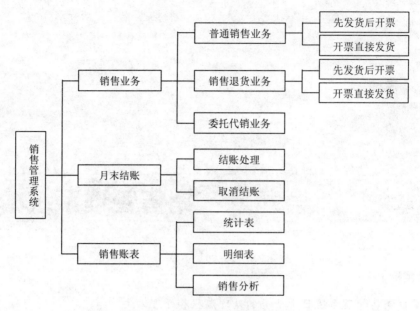

图 9-1 销售管理系统工作流程

(三)销售账表

销售管理的账表主要是对销售业务产生的明细账表进行查询分析和打印输出。销售管理账表的内容有统计表、明细表和销售分析。

二、销售业务的基本内容

普通销售业务的基本内容包括销售报价、销售订货、销售发货、销售出库、销售开票、确认应收账款及收款处理、结转销售成本等。普通销售业务支持两种业务模式,即先发货后开票业务模式和开票直接发货业务模式。

(一)销售报价

销售报价是指企业向客户提供货品、规格、价格、结算方式等信息,双方达成协议后,销售报价单可以转为有效的销售合同或销售订单。在销售业务处理流程中,销售报价环节可省略。

(二)销售订货

销售订货是指企业与客户签订销售合同,在系统中体现为销售订单。用户根据销售订单组织货源,对订单执行进行管理、控制和追踪。如果前面已有对客户的报价,也可以参照销售报价单生成销售订单。已审核未关闭的销售订单可以参照生成发货单或销售发票。在销售业务处理流程中,销售订货环节可省略。

(三)销售发货

销售发货是企业执行与客户签订的销售合同或销售订单,将货物发往客户的行为,是销售业务的执行阶段。在销售业务处理流程中,销售发货是必需的。

销售发货有先发货后开票和开票直接发货两种业务模式。在先发货后开票业务模式下，发货单可以根据销售订单开具；在开票直接发货业务模式下，销售发票可以根据销售订单开具。

(四)销售出库

销售出库单是销售出库业务的主要凭据，在库存管理系统中用于存货出库数量核算，在存货核算系统中用于存货出库成本核算。

根据参数设置的不同，销售出库单可在销售管理系统生成，也可以在库存管理系统生成。如果由销售管理系统生成出库单，只能一次销售全部出库；而由库存管理系统生成销售出库单，则可一次销售、分次出库。

(五)销售开票

销售开票是在销售过程中企业给客户开具销售发票及其所附清单的过程，它是销售收入确认、销售成本计算、应交销售税金确认和应收账款确认的依据，是销售业务的必要环节。销售发票从发票类型上可分为专用销售发票和普通发票两种。

销售发票可以直接填制，也可以参照销售订单或销售发货单生成。参照发货单开票时，多张发货单可以汇总开票，一张发货单也可以拆单生成多张销售发票。

(六)确认应收账款及收款处理

确认应收账款及收款处理是在应收款管理系统进行的，主要完成经营业务转入的应收款项的确认和收款核销。根据结算方式不同又可分为赊销业务和现收业务。

(七)结转销售成本

销售出库(开票)之后，要结转销售成本。对于采用先进先出法、移动平均法、个别计价法的存货，在存货核算系统单据记账时进行出库成本核算；而采用全月平均法的存货，则在期末处理时进行出库成本的核算。

第二节 销 售 业 务

与销售业务相关的模块主要有销售管理、库存管理、存货核算、应收款管理和总账管理等，这些系统若集成使用，可以完整地处理企业的销售业务。销售业务包括普通销售业务、销售退货业务和委托代销业务等。

一、普通销售业务

普通销售业务的处理方式有两种，即先发货后开票和开票直接发货。

(一)先发货后开票

对于先发货后开票业务，首先应根据销售订单填制销售发货单并审核，然后填制销售发票并进行复核。如果是现款结算即可办理收款事项，否则，将形成应收账款。财务部门可以根据相关单据进行账务处理。

对于先发货后开票业务，销售业务的处理也包括物流和资金流两条线索。先发货后开票业务处理流程如图9-2所示。具体操作步骤如下所述。

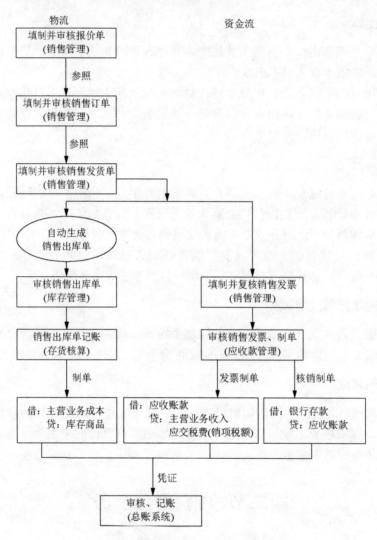

图9-2　先发货后开票业务处理流程

(1) 在销售管理系统中，填制报价单并审核。

(2) 在销售管理系统中，填制或生成销售订单并审核。

(3) 在销售管理系统中，根据销售订单生成发货单并审核。

(4) 在库存管理系统中，审核销售出库单。

(5) 在销售管理系统中，参照发货单生成销售发票并复核。若属于现收业务，还需单击"现结"按钮，打开"现结"对话框，录入结算方式及结算金额等信息。

(6) 在应收款管理系统中，对应收单(或现结发票)执行审核并进行制单处理，向总账系统传递凭证。

(7) 在存货核算系统中，对销售出库单执行记账并进行制单处理，向总账系统传递凭证。

(二)开票直接发货

对于开票直接发货业务，首先应根据销售订单填制销售发票并复核，同时生成相应的销售发货单，作为存货出库的依据。如果是现款结算即可办理收款事项，否则，将形成应收账款。财务部门可以根据相关单据进行账务处理。

对于开票直接发货业务，销售业务的处理包括物流和资金流两条线索。开票直接发货业务处理流程如图 9-3 所示。具体操作步骤如下所述。

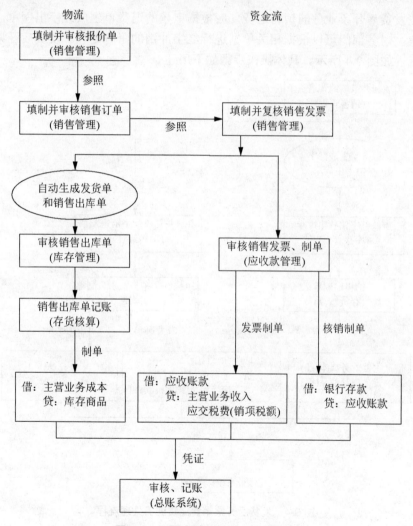

图 9-3 开票直接发货业务处理流程

(1) 在销售管理系统中，填制报价单并审核。
(2) 在销售管理系统中，填制或生成销售订单并审核。
(3) 在销售管理系统中，根据销售订单填制销售发票并复核。

(4) 在库存管理系统中，审核销售出库单。

(5) 在应收款管理系统中，对销售发票执行审核并进行制单处理，向总账系统传递凭证。

(6) 在存货核算系统中，对销售出库单执行记账并进行制单处理，向总账系统传递凭证。

二、销售退货业务

销售退货是指客户因质量、品种规格、数量不符合规定要求等原因而将已购货物退回。销售退货业务的处理方式有两种，即先发货后开票和开票直接发货。

(一)先发货后开票

对于先发货后开票业务的销售退货，应根据审核的退货单生成红字出库单，并生成红字销售发票，财务部门可以根据相关单据进行红字冲销的账务处理。发货后开票销售退货业务处理流程如图 9-4 所示。具体操作步骤如下所述。

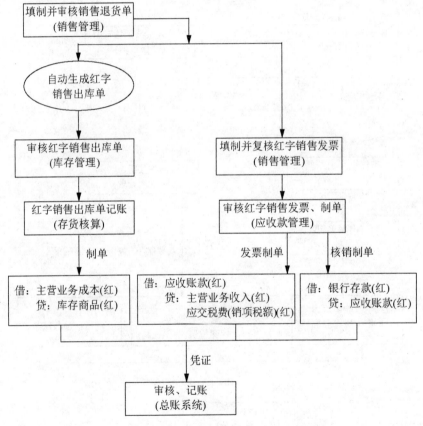

图 9-4　发货后开票销售退货业务处理流程

(1) 在销售管理系统中，填制并审核退货单。

(2) 在库存管理系统中，审核红字销售出库单。

(3) 在销售管理系统中，填制并复核红字销售发票。

(4) 在应收款管理系统中，对红字销售发票执行审核并进行制单处理，向总账系统传递凭证。

(5) 在存货核算系统中，对红字销售出库单执行记账并进行制单处理，向总账系统传递凭证。

(二)开票直接发货

对于开票直接发货业务的销售退货，应填制并审核红字销售发票，同时生成相应的退货单、红字出库单，财务部门可以根据相关单据进行红字冲销的账务处理。开票直接发货销售退货业务处理流程如图9-5所示。具体操作步骤如下所述。

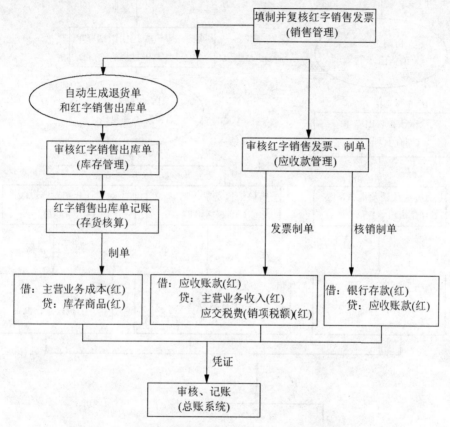

图9-5 开票直接发货销售退货业务处理流程

(1) 在销售管理系统中，填制并复核红字销售发票。
(2) 在库存管理系统中，审核红字销售出库单。
(3) 在应收款管理系统中，对红字销售发票执行审核并进行制单处理，向总账系统传递凭证。
(4) 在存货核算系统中，对红字销售出库单执行记账并进行制单处理，向总账系统传递凭证。

三、委托代销业务

委托代销业务是根据购销协议委托他人销售商品的一种销售方式。发生委托代销业务时，应在存货核算系统中设置委托代销成本核算方式"按发出商品核算"和在销售管理系统中设置销售选项"有委托代销业务"做两项初始设置调整，设置完成后，填制并审核委托代销发货单，根据审核的销售出库单办理出库手续，填制并审核销售发票进行相应的款项结算。财务部门可以根据相关单据进行账务处理。委托代销业务处理流程如图9-6所示。具体操作步骤如下所述。

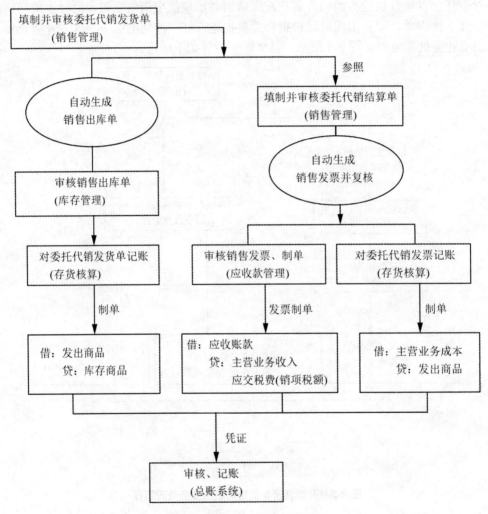

图9-6 委托代销业务处理流程

(1) 在销售管理系统中，填制并审核委托代销发货单。

(2) 在库存管理系统中，审核销售出库单。

(3) 在存货核算系统中，对委托代销发货单记账并生成出库凭证。

(4) 在销售管理系统中，根据委托代销发货单生成并审核委托代销结算单。

(5) 在销售管理系统中，复核根据委托代销结算单自动生成的销售发票。

(6) 在应收款管理系统中，对销售发票执行审核并进行制单处理。

(7) 在存货核算系统中，对委托代销专用发票执行记账并进行制单处理，向总账系统传递结转成本凭证。

第三节 月末结账和销售账表

月末结账是将当月的单据数据封存，结账后本月不能再进行发货、开票业务的增加、删除、修改等处理。该月未录入的单据只能视为下个月的单据处理。销售管理的账表主要是对销售业务产生的明细账表进行查询分析和打印输出。

一、月末结账

在销售管理系统中，执行"月末结账"命令，进入"月末结账"窗口，其中蓝条位置是当前会计月，单击"月末结账"按钮，系统开始结账。

二、取消结账

月末结账后，如果用户发现已月末结账月份的某单据录入有错误，需要取消结账进行修改，那么可以选中月份，单击"取消结账"按钮，取消月末结账设置。

三、销售账表

销售账表是对销售业务中形成的账表、数据进行多角度、多方位的账表查询、统计和分析。综合利用销售管理系统提供的各种账表及查询功能，可以全面提升企业的销售管理水平。销售管理账表主要包括统计表、明细表和销售分析。

实验十　销　售　管　理

实验目的

- 熟悉销售管理系统的主要内容和操作流程。
- 掌握日常销售业务和月末结账的操作方法。

实验内容

- 普通销售业务。
- 销售退货业务。
- 委托代销业务。
- 月末结账。

实验准备

- 录入实验八的账套备份数据或在 U 盘上引入已备份的实验八的账套数据。
- 启用销售管理系统。

实验要求

005(马俊)负责销售管理的操作。

实验资料

1. 业务1

(1) 2021年1月4日,时代公司欲购买台式电脑20台,向销售一部询问价格,销售报价为5 400元,填制并审核报价单。

(2) 时代公司了解情况后,要求订购20台,确定发货日期为1月8日,填制并审核销售订单。

(3) 1月8日,销售一部从成品库向时代公司发出所订货物,并据此开具专用发票一张。

(4) 销售一部将发票交给财务部,财务部据此结转此业务的收入及成本。

(5) 1月10日,财务部收到时代公司交来的转账支票一张,支票号为6688,用以结清所销货物的款项。

2. 业务2

2021年1月12日,销售一部出售给时代公司的台式电脑因质量问题,退回两台,单价为5 400元,收回成品库,同时开具红字专用发票一张。

2021年1月15日,收到时代公司交来的转账支票一张,支票号为6699,用以结清退货款。

3. 业务3

(1) 2021年1月20日,销售二部委托智通公司代为销售台式电脑100台,售价为5 400元,货物从成品库发出。

(2) 2021年1月24日,收到智通公司的委托代销清单一张,结算台式电脑50台,售价为5 400元。立即开具销售专用发票给智通公司,销售二部将该业务所涉及的出库单及销售发票交给财务部,财务部据此结转收入及成本。

实验步骤

1. 业务1

业务类型:先发货后开票业务

1) 在销售管理系统中填制并审核销售报价单(微课视频:WK73)

(1) 以"005 马俊"的身份注册进入企业应用平台,登录日期为2021年1月4日,在销售管理系统中执行"销售报价"|"销售报价单"命令,进入"销售报价单"窗口。

(2) 单击"增加"按钮,根据实验资料"1.业务(1—1)"录入客户简称"时代公司",销售部门"销售一部"。

(3) 选择存货名称"05 台式电脑",录入数量"20",报价"5 400"。

(4) 单击"保存"按钮,检查无误后单击"审核"按钮,如图9-7所示。

(5) 单击"关闭"按钮,退出"销售报价单"窗口。

2) 在销售管理系统中填制并审核销售订单(微课视频:WK74)

(1) 在销售管理系统中执行"销售订货"|"销售订单"命令,进入"销

WK73.flv

WK74.flv

售订单"窗口。

(2) 单击"增加"按钮，再单击"生单"按钮，选择"报价"选项，打开"报价单"对话框，单击"过滤"按钮，进入"订单参照报价单"窗口。

(3) 选择已录入的报价单，单击"确定"按钮，则系统将根据销售报价单自动填充销售订单相关信息，根据实验资料"1.业务(1—2)"修改预发货日期为"2021-01-08"。

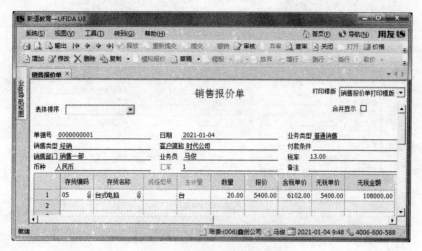

图 9-7　"销售报价单"窗口

(4) 单击"保存"按钮，检查无误后单击"审核"按钮，如图 9-8 所示。

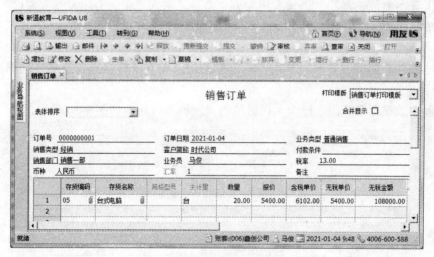

图 9-8　"销售订单"窗口

(5) 单击"关闭"按钮，退出"销售订单"窗口。

3) 在销售管理系统中填制并审核销售发货单(微课视频：WK75)

(1) 以"005 马俊"的身份重新注册进入企业应用平台，登录日期为 2021 年 1 月 8 日，在销售管理系统中执行"销售发货"|"发货单"命令，进入"发货单"窗口。

(2) 单击"增加"按钮，打开"参照订单"对话框，再单击"过滤"按钮，进入"发货单参照订单"窗口。

WK75.flv

(3) 选择已生成的销售订单，单击"确定"按钮，则系统将根据订单自动填充销售发货单相关信息，选择仓库"成品库"。

(4) 单击"保存"按钮，检查无误后单击"审核"按钮，如图9-9所示。

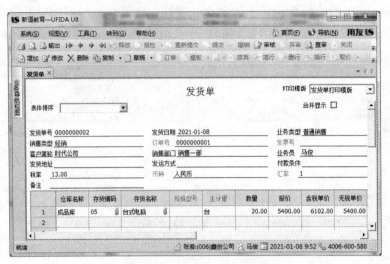

图9-9 "发货单"窗口

(5) 单击"关闭"按钮，退出"发货单"窗口。

4) 在销售管理系统中填制并复核销售发票(微课视频：WK76)

(1) 执行"销售开票"|"销售专用发票"命令，进入"销售专用发票"窗口。

(2) 单击"增加"按钮，打开"发票参照发货单"对话框，再单击"过滤"按钮，进入"发票参照发货单"窗口。

(3) 选择要参照的发货单，单击"确定"按钮，则系统将根据发货单自动填充销售专用发票相关信息。

(4) 单击"保存"按钮，检查无误后单击"复核"按钮，如图9-10所示。

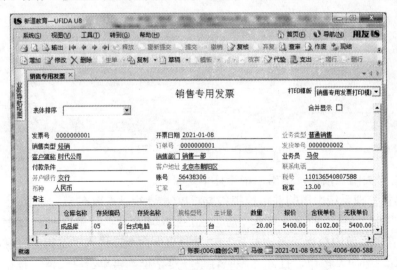

图9-10 "销售专用发票"窗口

(5) 单击"关闭"按钮，退出"销售专用发票"窗口。

5) 在应收管理系统中审核销售专用发票并生成销售收入凭证(微课视频：WK77)

WK77.flv

(1) 以"001 王健"的身份注册进入企业应用平台，登录日期为2021年1月8日，在应收款管理系统中，执行"应收单据处理"|"应收单据审核"命令，打开"应收单过滤条件"对话框，确定后进入"应收单据列表"窗口。

(2) 选择待审核的单据，单击"审核"按钮，系统提示审核成功后，单击"确定"按钮返回。

(3) 执行"制单处理"命令，打开"制单查询"对话框，选中"发票制单"复选框，单击"确定"按钮，进入"销售发票"窗口。

(4) 选择凭证类别"转账凭证"，单击"全选"按钮或在要选择单据的"选择标志"栏中录入"1"，再单击"制单"按钮，进入"填制凭证"窗口。

(5) 单击"保存"按钮，生成以下凭证。

借：应收账款(1122)　　　　　　　122 040
　　贷：主营业务收入 (6001)　　　　　　　108 000
　　　　应交税费/应交增值税/销项税额(22210102)　　14 040

WK78.flv

6) 在库存管理系统中审核销售出库单(微课视频：WK78)

(1) 以"005 马俊"的身份注册进入企业应用平台，登录日期为2021年1月8日，在库存管理系统中执行"出库业务"|"销售出库单"命令，进入"销售出库单"窗口。

(2) 单击"末张"按钮，打开需审核的销售出库单，单击"审核"按钮，系统提示"该单据审核成功！"，单击"确定"按钮，返回"销售出库单"窗口，如图9-11所示。

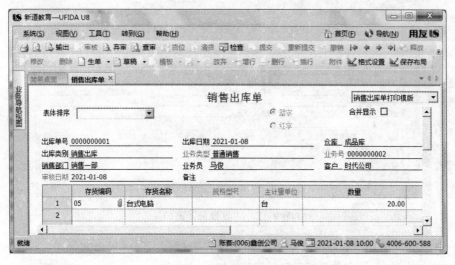

图9-11 "销售出库单"窗口

(3) 单击"关闭"按钮，退出"销售出库单"窗口。

7) 在存货核算系统中对销售出库单进行记账并生成凭证

(1) 在存货核算系统中执行"业务核算"|"正常单据记账"命令，打开"过滤条件选择"对话框。

(2) 单击"过滤"按钮，进入"正常单据记账列表"窗口。

(3) 选中需要记账的单据,单击"记账"按钮,则系统开始记账。

(4) 执行"财务核算"|"生成凭证"命令,进入"生成凭证"窗口。

(5) 单击"选择"按钮,打开"查询条件"对话框。

(6) 选择"销售出库单"选项,再单击"确定"按钮,进入"未生成凭证单据一览表"窗口。

(7) 选中需要生成凭证的单据,单击"确定"按钮,进入"生成凭证"窗口。

(8) 选择凭证类别"转账凭证",单击"生成"按钮,进入"填制凭证"窗口。

(9) 单击"保存"按钮,生成以下凭证。

借:主营业务成本(6401)　　　70 000
　　贷:库存商品(1405)　　　　　70 000

WK79.flv

8) 在应收款管理系统中录入收款单并生成收款凭证(微课视频:WK79)

(1) 以"001 王健"的身份注册进入企业应用平台,登录日期为 2021 年 1 月 10 日,在应收款管理系统中执行"收款单据处理"|"收款单据录入"命令,进入"收款单"窗口。

(2) 单击"增加"按钮,选择客户"时代公司",结算方式"转账支票",金额 122 040,票据号 6688,保存后,如图 9-12 所示。单击"审核"按钮,系统提示"是否立即制单?",单击"是"按钮,进入"填制凭证"窗口。

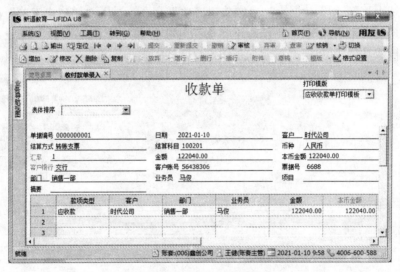

图 9-12　"收款单"窗口

(3) 选择凭证类别"收款凭证",单击"保存"按钮,生成以下凭证。

借:银行存款/工行存款(100201)　　122 040
　　贷:应收账款(1121)　　　　　　　122 040

2. 业务 2

业务类型:先发货后开票退货业务

1) 在销售管理系统中填制并审核退货单(微课视频:WK80)

(1) 以"005 马俊"的身份注册进入企业应用平台,登录日期为 2021 年 1 月 12 日,

WK80.flv

在销售管理系统中执行"销售发货"|"退货单"命令,进入"退货单"窗口。

(2) 单击"增加"按钮,在打开的"退货单参照发货单"对话框中单击"取消"按钮。根据实验资料"2.业务2"录入客户简称"时代公司",销售部门"销售一部"。

(3) 选择仓库名称"成品库",存货名称"05 台式电脑",录入数量"-2",无税单价"5400"。

(4) 单击"保存"按钮,检查无误后单击"审核"按钮,如图9-13所示。

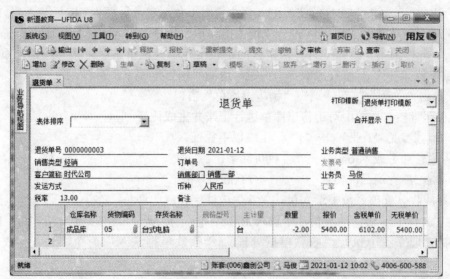

图9-13 "退货单"窗口

(5) 单击"关闭"按钮,退出"退货单"窗口。

2) 在销售管理系统中填制并复核红字销售发票(微课视频:WK81)

(1) 执行"销售开票"|"红字专用销售发票"命令,进入"销售专用发票(红字)"窗口。

WK81.flv

(2) 单击"增加"按钮,在打开的"发票参照发货单"对话框中选择"发货单类型:红字记录"选项,再单击"过滤"按钮,选择要参照的退货单,然后单击"确定"按钮,则系统即可根据退货单自动填充红字销售专用发票相关信息。

(3) 单击"保存"按钮,再单击"复核"按钮。

(4) 单击"关闭"按钮,退出"销售专用发票(红字)"窗口。

3) 在应收款管理系统中审核红字销售专用发票并生成销售收入凭证

(1) 以"001 王健"的身份注册进入企业应用平台,登录日期为2021年1月12日,在应收款管理系统中执行"应收单据处理"|"应收单据审核"命令,打开"应收单过滤条件"对话框,确定后进入"应收单据列表"窗口。

(2) 选择待审核的单据,单击"审核"按钮,系统提示审核成功后,单击"确定"按钮返回。

(3) 执行"制单处理"命令,打开"制单查询"对话框,选中"发票制单"复选框,再单击"确定"按钮,进入"销售发票制单"窗口。

(4) 选择凭证类别"转账凭证",单击"全选"按钮或在要选择单据的"选择标志"

栏中录入"1",单击"制单"按钮,进入"填制凭证"窗口。

(5) 单击"保存"按钮,生成以下凭证。

借：应收账款(1122)　　　　　　　　　12 204(红字)
　　贷：主营业务收入 (6001)　　　　　　　10 800(红字)
　　　　应交税费/应交增值税/销项税额(22210102)　1 404(红字)

4) 在库存管理系统中审核红字销售出库单

(1) 以"005 马俊"的身份注册进入企业应用平台,登录日期为2021年1月12日,在库存管理系统中执行"出库业务"|"销售出库单"命令,进入"销售出库单"窗口。

(2) 单击"末张"按钮,打开需审核的销售出库单,再单击"审核"按钮,系统提示"该单据审核成功!",单击"确定"按钮,返回"销售出库单"窗口。

(3) 单击"关闭"按钮,退出"销售出库单"窗口。

5) 在存货核算系统中对销售出库单进行记账并生成凭证

操作步骤参见"1.业务(1—7)",生成以下凭证。

借：主营业务成本(6401)　　7 000(红字)
　　贷：库存商品(1405)　　　7 000(红字)

6) 在应收款管理系统中录入付款单并生成红字收款凭证

(1) 以"001 王健"的身份注册进入企业应用平台,登录日期为2021年1月15日,在应收款管理系统中执行"收款单据处理"|"收款单据录入"命令,进入"收款单"窗口。

(2) 单击"切换"按钮,进入"付款单(红字)"窗口,再单击"增加"按钮,选择客户"时代公司",结算方式"转账支票",金额"12 204",票据号"6699",保存后,单击"审核"按钮,系统提示"是否立即制单？",单击"是"按钮,进入"填制凭证"窗口。

(3) 选择凭证类别"收款凭证",单击"保存"按钮,生成以下凭证。

借：银行存款/工行存款(100201)　　12 204(红字)
　　贷：应收账款(1121)　　　　　　12 204(红字)

3. 业务 3

业务类型：委托代销业务

1) 在销售管理系统中填制并审核委托代销发货单(微课视频：WK82)

WK82.flv

(1) 以"005 马俊"的身份注册进入企业应用平台,登录日期为2021年1月20日,在销售管理系统中执行"委托代销"|"委托代销发货单"命令,进入"委托代销发货单"窗口。

(2) 单击"增加"按钮,在打开的"参照订单"对话框中单击"取消"按钮,根据实验资料"3. 业务 3",选择销售类型"代销",录入客户简称"智通公司",选择仓库"成品库",存货名称"05 台式电脑",录入数量"100",无税单价"5 400"。

(3) 单击"保存"按钮,检查无误后单击"审核"按钮,如图 9-14 所示。

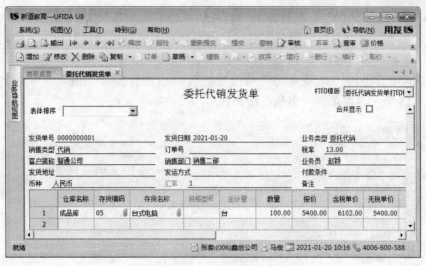

图 9-14 "委托代销发货单"窗口

(4) 单击"关闭"按钮，退出"委托代销发货单"窗口。

2) 在库存管理系统中审核销售出库单

(1) 在库存管理系统中执行"出库业务"|"销售出库单"命令，进入"销售出库单"窗口。

(2) 单击"末张"按钮，打开需审核的销售出库单，再单击"审核"按钮，系统提示"该单据审核成功!"，单击"确定"按钮，返回"销售出库单"窗口。

(3) 单击"关闭"按钮，退出"销售出库单"窗口。

3) 在存货核算系统中对委托代销发货单记账并生成出库凭证

(1) 在存货核算系统中执行"业务核算"|"发出商品记账"命令，进入"过滤条件选择"对话框。

(2) 单击"过滤"按钮，进入"发出商品记账"窗口。

(3) 选中需要记账的单据，单击"记账"按钮后退出。

(4) 执行"财务核算"|"生成凭证"命令，进入"生成凭证"窗口。

(5) 单击"选择"按钮，打开"查询条件"对话框。选择"委托代销发出商品发货单"，再单击"确定"按钮，进入"未生成凭证单据一览表"窗口。

(6) 选择要记账的发货单，单击"确定"按钮，进入"生成凭证"窗口。

(7) 选择凭证类别"转账凭证"，录入发出商品科目"发出商品(1406)"，单击"生成"按钮，进入"填制凭证"窗口。保存后，生成以下出库凭证。

借：发出商品(1406)　　　350 000

　　贷：库存商品(1405)　　　350 000

4) 在销售管理系统中根据委托代销发货单生成并审核委托代销结算单(微课视频：WK83)

WK83.flv

(1) 以"005 马俊"的身份重新注册进入企业应用平台，登录日期为 2021 年 1 月 24 日，在销售管理系统中执行"委托代销"|"委托代销结算单"命令，进入"委托代销结算单"窗口。

(2) 单击"增加"按钮,在打开的"委托结算参照发货单"对话框中再单击"过滤"按钮,进入"委托结算参照发货单"窗口,选择要参照的委托代销发货单,然后单击"确定"按钮,则系统即可根据委托代销发货单自动填充委托代销结算单相关信息。

(3) 根据实验资料"3. 业务 3"修改委托代销结算数量为"50",单击"保存"按钮,如图 9-15 所示,再单击"审核"按钮。

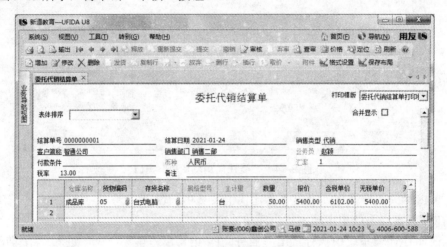

图 9-15　"委托代销结算单"窗口

(4) 在打开的"请选择发票类型"对话框中选择"专用发票",单击"确定"按钮后退出。

5) 在销售管理系统中复核根据委托代销结算单自动生成的销售发票

在销售管理系统中执行"销售开票"|"销售专用发票"命令,进入"销售专用发票"窗口,单击"上张"按钮,查看根据委托代销结算单自动生成的销售发票,单击"复核"按钮后退出。

6) 在应收管理系统中审核销售专用发票并生成销售收入凭证

(1) 以"001 王健"的身份注册进入企业应用平台,登录日期为 2021 年 1 月 24 日,在应收管理系统中执行"应收单据处理"|"应收单据审核"命令,打开"应收单过滤条件"对话框,确定后进入"应收单据列表"窗口。

(2) 选择待审核的单据,单击"审核"按钮,系统提示审核成功后,再单击"确定"按钮返回。

(3) 执行"制单处理"命令,打开"制单查询"对话框,选中"发票制单"复选框,再单击"确定"按钮,进入"销售发票制单"窗口。

(4) 选择凭证类别"转账凭证",单击"全选"按钮或在要选择单据的"选择标志"栏中录入"1",再单击"制单"按钮,进入"填制凭证"窗口,保存后,生成以下凭证。

借:应收账款 (1122)　　　　　　　　　　305 100
　　贷:主营业务收入(6001)　　　　　　　　270 000
　　　　应交税费/应交增值税/销项税额(22210102)　 35 100

7) 在存货核算系统中对委托代销销售专用发票记账并生成结转销售成本凭证

(1) 以"005 马俊"的身份重新注册进入企业应用平台,登录日期为 2021 年 1 月 24

日,在存货核算系统中执行"业务核算"|"发出商品记账"命令,进入"过滤条件选择"对话框。

(2) 单击"过滤"按钮,进入"发出商品记账"窗口。

(3) 选中需要记账的单据,单击"记账"按钮后退出。

(4) 执行"财务核算"|"生成凭证"命令,进入"生成凭证"窗口。

(5) 单击"选择"按钮,打开"查询条件"对话框,选择"委托代销发出商品专用发票",再单击"确定"按钮,进入"未生成凭证单据一览表"窗口。

(6) 选择要制单的发票,单击"确定"按钮,进入"生成凭证"窗口。选择凭证类别"转账凭证",录入发出商品科目"发出商品(1406)",再单击"生成"按钮,进入"填制凭证"窗口。保存后,生成以下出库凭证。

借:主营业务成本(6401)　　175 000
　　贷:发出商品(1406)　　　　175 000

注意事项:
- 委托代销结算单审核后可以自动生成销售发票,取消审核后可以自动删除生成的销售发票。
- 委托代销商品发货单记账,应减少库存商品,增加发出商品。
- 委托代销商品专用发票记账,应减少发出商品,并结转销售成本。

4. 月末结账

(1) 在销售管理系统中执行"月末结账"命令,进入"月末结账"窗口,其中蓝条位置是当前会计月。

(2) 单击"月末结账"按钮,系统开始结账,月末结账完毕,在"是否结账"栏显示"是"字样。

注意事项:
- 上月未结账,本月不能结账。
- 已结账月份不能再录入单据。
- 销售管理系统结账后,库存管理系统、存货核算系统和应收款管理系统才能进行月末结账。
- 销售管理系统与应收款管理系统、库存管理系统、存货核算系统联合使用时,这些系统月末结账后,本系统不能取消月末结账。
- 如果销售管理系统要取消月末结账,必须先通知应收款管理、库存管理、存货核算的操作人员,要求他们的系统取消月末结账。如果他们中的任何一个系统不能取消月末结账,那么也不能取消销售管理系统的月末结账设置。

5. 账套备份

(1) 在硬盘建立"实验十 销售管理"文件夹。

(2) 将账套数据备份输出至"实验十 销售管理"文件夹中。

思考与练习

1. 普通销售业务的主要内容有哪些？
2. 普通销售业务的处理方式有哪几种？
3. 先发货后开票业务的处理流程包括哪些内容？
4. 开票直接发货销售业务模式下的退货处理流程包括哪些内容？

第十章 库存管理系统的应用

【学习目标】
- 熟悉库存管理系统的工作流程和主要内容
- 掌握库存管理系统日常业务处理的操作方法
- 了解库存管理系统与其他系统之间的数据传递关系

第一节 库存管理系统概述

库存管理主要是对企业的实物进行管理,每项存货的收发都必须经过库存保管方的监督、管理和确认。库存管理能够提供仓库货位管理、批次管理、保质期管理、出库跟踪入库管理、可用量管理等方面的业务应用。加强库存业务的核算和管理,可以帮助企业降低库存成本,提高库存管理水平。

一、库存管理系统的工作流程

库存管理系统的工作流程如图 10-1 所示。

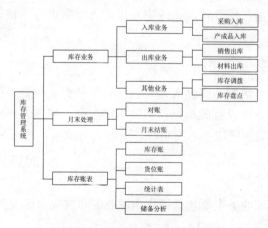

图 10-1 库存管理系统工作流程

二、库存业务的主要内容

库存管理的主要内容一般包括存货的出入库管理,即存货增加、存货减少、存货调拨、存货盘点等。

存货增加包括外购存货入库、外购存货退回、其他存货入库等。

存货减少包括销售存货发出、销售存货退回、生产领用存货、生产退回存货、其他存货发出等。

存货调拨用于处理存货在不同仓库之间的调拨事项。

存货盘点包括盘盈存货入库和盘亏存货出库。

存货增加业务一般形成存货入库单;存货减少业务一般形成存货出库单;存货调拨业务形成存货调拨单;存货盘点形成存货盘点单。

第二节 库 存 业 务

库存管理系统主要是对采购管理系统、销售管理系统及库存管理系统填制的各种出入库单据进行审核,并对存货的出入库数量进行管理。库存业务包括入库业务、出库业务和其他业务。

一、入库业务

库存管理系统的入库业务主要包括采购入库业务和产成品入库业务。

(一)采购入库业务

采购入库业务主要是在采购业务员将采购回来的货物交到仓库时,仓库保管员对货物进行验收确认及登记相应账簿。采购入库业务处理完毕后,即可形成采购入库单。

需要注意的是:如果库存管理系统和采购管理系统集成使用,采购入库单就需由库管员在库存管理系统中录入,可以参照采购订单、采购到货单生成,也可以直接填制。如果库存管理系统没有和采购管理系统集成使用,采购入库单则可由采购人员在采购管理系统直接录入,而库管员只需在库存管理系统中对采购入库单进行审核即可,不需再录入采购入库单。

(二)产成品入库业务

产成品入库业务需要填制产成品入库单,只有工业企业核算类型业务才有产成品入库单,商业企业核算类型业务没有此单据。另外,产成品一般在入库时无法确定产品的总成本和单位成本,所以在填制产成品入库单时,一般只有数量,没有单价和金额。

二、出库业务

库存管理系统的出库业务主要包括销售出库业务和材料出库业务。

(一)销售出库业务

销售出库单反映的是存货销售的出库情况,在库存管理系统主要是核对存货的出货数量,在存货核算系统核算存货的出库成本。

如果库存管理系统和销售管理系统集成使用,根据参数设置,销售出库单可以在库存管理系统生成,也可以在销售管理系统根据销售发货单(包括委托代销发货单)或发票生成,生成后传递到库存管理系统,库存管理系统再进行审核。如果库存管理系统没有和销售管理系统集成使用,销售出库单就需由库管员在此录入。

(二)材料出库业务

材料出库业务是工业企业特有的业务。材料出库单是在领用原材料时所填制的出库单据。

三、其他业务

库存管理系统的其他业务是指除了出、入库业务以外的业务,主要包括库存调拨业务和盘点业务。

(一)库存调拨业务

库存调拨业务指仓库之间存货的转库业务或部门之间的存货调拨业务,库存调拨业务需填制调拨单。同一张调拨单上,如果转出部门和转入部门不同,表示部门之间的调拨业务;如果转出部门和转入部门相同,但转出仓库和转入仓库不同,表示仓库之间的转库业务。

(二)盘点业务

为了保证企业库存资产的安全和完整,做到账实相符,企业必须对存货进行定期或不定期的清查,查明存货盘盈、盘亏、损毁的数量以及造成的原因,并据此编制存货盘点报告表。报告表经有关部门批准后,应进行相应的账务处理,调整存货账的实存数,使存货的账面记录与库存实物核对相符。盘点业务需填制盘点单。

第三节 月末处理和库存账表

当本期业务全部结束后,就可以进行库存管理系统的月末处理了。月末处理主要包括对账与月末结账。库存管理的账簿报表主要是对存货库存明细账表进行查询和打印。

一、对账

(一)库存与存货对账

在库存管理系统中执行"对账"|"库存与存货对账"命令,进入"库存与存货对账"窗口,选择对账月份,显示对账报告,即可查看对账结果。

(二)库存账与货位账对账

在库存管理系统中执行"对账"|"库存账与货位账对账"命令,如果系统提示"本次对账结果完全正确",则可单击"确定"按钮。

二、月末结账

在库存管系统中执行"月末结账"命令,进入"结账处理"窗口,单击"结账"按钮,即可在"已经结账"栏显示"是"字样。

三、库存账表

库存账表是对各种出入库业务中形成的账表、数据进行的查询、汇总和分析。综合利用库存管理系统提供的各种账表及查询功能,可以全面提升企业的库存管理水平。库存管理账表主要包括库存账、货位账、统计表和储备分析。

实验十一 库 存 管 理

实验目的

- 熟悉库存管理系统的主要内容和操作流程。
- 掌握库存业务和月末结账的操作方法。

实验内容

- 入库业务。
- 出库业务。
- 其他业务。
- 月末结账。

实验准备

- 录入实验八的账套备份数据或在U盘上引入已备份的实验八的账套数据。
- 启用库存管理系统。

实验要求

004(张勇)负责库存管理的操作。

实验资料

1. 业务1

(1) 2021年1月10日,成品库收到生产部加工的台式电脑30台,以产成品入库。

(2) 随后收到财务部提供的完工产品成本，其中台式电脑的总成本为 105 000 元，立即进行成本分配记账生成凭证。

2. 业务 2

2021 年 1 月 15 日，生产部向原料库领用主板 100 个，用于生产笔记本电脑，记材料明细账，生成领料凭证。

3. 业务 3

2021 年 1 月 18 日，将原料库的硬盘 50 盒调拨到配件库。

4. 业务 4

2021 年 1 月 25 日，对原料库进行盘点，盘点后发现主板多出 1 个。

实验步骤

1. 业务 1

业务类型：产成品入库

1) 在库存管理系统中填制并审核产成品入库单

(1) 以"004 张勇"的身份注册进入企业应用平台，登录日期为 2021 年 1 月 10 日，在库存管理系统中执行"入库业务"|"产成品入库单"命令，进入"产成品入库单"窗口。

(2) 单击"增加"按钮，根据实验资料"1. 业务 1"录入入库日期 2021-01-10，选择仓库"成品库"，部门"生产部"，入库类别"产成品入库"。

(3) 选择产品"05 台式电脑"，录入数量"30"。

(4) 单击"保存"按钮，再单击"审核"按钮，如图 10-2 所示。

图 10-2 "产成品入库单"窗口

(5) 单击"关闭"按钮，退出"产成品入库单"窗口。

2) 在存货核算系统中录入生产总成本并对产成品成本进行分配

(1) 在存货核算系统中执行"业务核算"|"产成品成本分配"命令，进入"产成品成本分配"窗口。

(2) 单击"查询"按钮,打开"产成品成本分配表查询"对话框,选择"成品库"选项,再单击"确定"按钮,系统即可将符合条件的记录添加至"产成品成本分配"中。

(3) 在"05 台式电脑"记录行的金额栏中录入"105 000",如图10-3所示。

图10-3 "产成品成本分配"窗口

(4) 单击"分配"按钮,系统弹出"分配操作顺利完成!",再单击"确定"按钮返回。

(5) 执行"日常业务"|"产成品入库单"命令,进入"产成品入库单"窗口,查看入库单上存货的单价。

3) 在存货核算系统中对产成品入库单记账并生成凭证

(1) 在存货核算系统中执行"业务核算"|"正常单据记账"命令,进入"正常单据记账列表"窗口,选择相应产成品入库单,单击"记账"按钮即可对产成品入库单进行记账操作。

(2) 执行"财务核算"|"生成凭证"命令,进入"生成凭证"窗口。单击"选择"按钮,打开"查询条件"对话框,选中"产成品入库单",再单击"确定"按钮,进入"未生成凭证单据一览表"窗口。

(3) 选择要制单的记录行,单击"确定"按钮,进入"生成凭证"窗口。选择凭证类别"转账凭证",再单击"生成"按钮,进入"填制凭证"窗口,录入项目名称"台式电脑",确定后保存,生成以下入库凭证。

借:库存商品(1405)　　　　105 000
　　贷:生产成本/直接材料(500101)　　　　105 000

2. 业务2

业务类型:材料领用出库

1) 在库存管理系统中填制并审核材料出库单

(1) 以"004 张勇"的身份注册进入企业应用平台,登录日期为2021年1月15日,在库存管理系统中执行"出库业务"|"材料出库单"命令,进入"材料出库单"窗口。

(2) 单击"增加"按钮,录入出库日期"2021-01-15",选择仓库"原料库",出库类别"领料出库",部门"生产部"。

(3) 选择材料"01 主板",录入数量"100"。

(4) 单击"保存"按钮,再单击"审核"按钮,如图10-4所示。

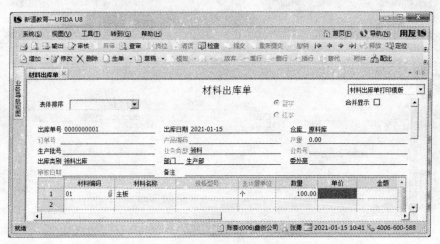

图 10-4　"材料出库单"窗口

(5) 单击"关闭"按钮,退出"材料出库单"窗口。
2) 在存货核算系统中对材料出库单记账并生成凭证

(1) 在存货核算系统中,执行"业务核算"|"正常单据记账"命令,进入"正常单据记账列表"窗口,选择相应材料出库单,单击"记账"按钮即可对材料出库单进行记账操作。

(2) 执行"财务核算"|"生成凭证"命令,进入"生成凭证"窗口。单击"选择"按钮,打开"查询条件"对话框,选中"材料出库单"选项,单击"确定"按钮,进入"未生成凭证单据一览表"窗口。

(3) 选择要制单的记录行,单击"确定"按钮,进入"生成凭证"窗口。选择凭证类别"转账凭证",再单击"生成"按钮,进入"填制凭证"窗口,录入项目名称"笔记本电脑",保存后,生成以下出库凭证。

借:生产成本/直接材料(500101)　　　　　44 231
　　贷:原材料/生产用原材料(140301)　　　　44 231

3. 业务3

业务类型:库存调拨业务
1) 在库存管理系统中填制并审核调拨单

(1) 以"004 张勇"的身份注册进入企业应用平台,登录日期为2021年1月18日,在库存管理系统中执行"调拨业务"|"调拨单"命令,进入"调拨单"窗口。

(2) 单击"增加"按钮,录入日期"2021-01-18",选择转出仓库"原料库",转入仓库"配件库",出库类别"调拨出库",入库类别"调拨入库"。

(3) 选择存货"02 硬盘",录入数量"50"。

(4) 单击"保存"按钮,再单击"审核"按钮,如图10-5所示。

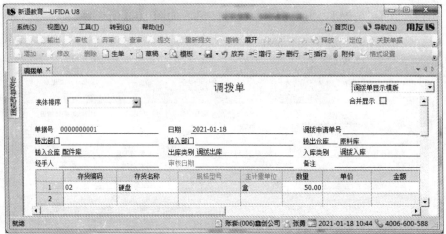

图 10-5 "调拨单"窗口

(5) 单击"关闭"按钮,退出"调拨单"窗口。

2) 在库存管理系统中审核其他出入库单

(1) 在库存管理系统中执行"入库业务"|"其他入库单"命令,进入"其他入库单"窗口,单击"末张"按钮,打开需要审核的其他入库单,再单击"审核"按钮。

(2) 在库存管理系统中执行"出库业务"|"其他出库单"命令,进入"其他出库单"窗口,单击"末张"按钮,打开需要审核的其他出库单,再单击"审核"按钮。

3) 在存货核算系统中对其他出入库单记账

(1) 在存货核算系统中执行"业务核算"|"特殊单据记账"命令,进入"特殊单据记账条件"窗口。

(2) 选择单据类型"调拨单",确定后进入"特殊单据记账"窗口,选择要记账的调拨单,再单击"记账"按钮。

注意事项:

在"库存商品"科目不分明细的情况下,库存调拨业务不会涉及账务处理,因此,对库存调拨业务生成的其他出入库单暂不进行制单。

4. 业务 4

业务类型:盘点业务

1) 在库存管理系统中填制并审核盘点单

(1) 以"004 张勇"的身份注册进入企业应用平台,登录日期为 2021 年 1 月 25 日,在库存管理系统中,执行"盘点业务"命令,进入"盘点单"窗口。

(2) 单击"增加"按钮,录入盘点日期"2021-01-25",选择盘点仓库"原料库",出库类别"盘亏出库",入库类别"盘盈入库"。

(3) 单击"盘库"按钮,系统提示"盘库将删除未保存的所有记录,是否继续?",单击"是"按钮,弹出"盘点处理"对话框,选择盘点方式"按仓库盘点",再单击"确认"按钮,系统将盘点结果带回盘点单。

(4) 录入存货"01 主板"的盘点数量"201"。

(5) 单击"保存"按钮，再单击"审核"按钮，如图10-6所示。

图10-6 "盘点单"窗口

(6) 单击"关闭"按钮，退出"盘点单"窗口。
2) 在库存管理系统中对盘点单生成的其他入库单审核

在库存管理系统中执行"入库业务"|"其他入库单"命令，进入"其他入库单"窗口，单击"末张"按钮，打开需要审核的其他入库单，单击"审核"按钮。

3) 在存货核算系统中对其他入库单记账并生成凭证。

(1) 在存货核算系统中执行"业务核算"|"正常单据记账"命令，进入"正常单据记账列表"窗口，选择要记账的盘点单，单击"记账"按钮。

(2) 执行"财务核算"|"生成凭证"命令，进入"生成凭证"窗口。单击"选择"按钮，打开"查询条件"对话框，选中"其他入库单"选项，再单击"确定"按钮，进入"未生成凭证单据一览表"窗口。

(3) 选择要制单的记录行，单击"确定"按钮，进入"生成凭证"窗口。选择凭证类别"转账凭证"，再单击"生成"按钮，进入"填制凭证"窗口。保存后，生成以下入库凭证。

借：原材料/生产用原材料(140301)　　　　　　　442.31
　　贷：待处理财产损溢/待处理流动资产损溢(190101)　442.31

5. 月末结账

(1) 在库存管理系统中执行"月末结账"命令，进入"结账处理"窗口。
(2) 单击"结账"按钮，在"已经结账"栏显示"是"字样。
注意事项：
- 结账只能由有结账权的人进行。
- 库存管理系统和采购管理系统及销售管理系统集成使用时，只有在采购管理系统和销售管理系统结账后，库存管理系统才能进行结账。
- 月末结账后将不能再处理当前会计月的业务，只能处理下个会计月的日常业务。
- 如果库存管理系统和存货核算系统集成使用，只有在存货核算系统当月未结账或取消结账后，库存管理系统才能取消结账设置。

6. 账套备份

(1) 在硬盘建立"实验十一 库存管理"文件夹。

(2) 将账套数据备份输出至"实验十一 库存管理"文件夹中。

思考与练习

1. 库存管理系统的入库业务主要有哪些？
2. 采购入库单的录入方法有哪几种？
3. 库存管理系统的调拨业务有何特点？
4. 库存管理系统月末处理主要包括哪些内容？

第十一章 存货核算系统的应用

【学习目标】
- 了解存货核算系统的工作流程和应用模式
- 掌握存货核算系统日常业务的处理方法
- 了解存货核算系统与其他系统之间的数据传递关系

存货核算系统是用友 ERP-U8 供应链管理系统的一个子系统。存货核算系统可用于核算和分析所有业务中的存货耗用数量,正确计算存货的成本,为企业提供成本核算的基础数据,可以动态掌握存货资金的变动,减少库存资金的积压,加速资金周转,以便提高企业存货核算水平。

第一节 存货核算系统概述

存货是指企业在生产经营过程中为了销售或耗用而储备的各种有形资产,包括各种原材料、燃料、包装物、低值易耗品、委托加工材料、在产品、产成品、商品等。存货范围的确认,应以企业对存货是否具有法定所有权为依据,凡在盘存日期、法定所有权属于企业存货范畴的一切物品,不论其存放在何处或处于何种状态,都应视为企业的存货。

一、存货核算系统的工作流程

存货核算系统的工作流程如图 11-1 所示。

(一)业务处理

存货核算业务主要包括对正常业务(如入库业务、出库业务、盘点业务)单据记账、对特殊业务(如调拨业务)单据记账、对发出商品(如委托代销商品)记账、出入库调整业务、暂估入库业务成本处理和制单处理等内容。

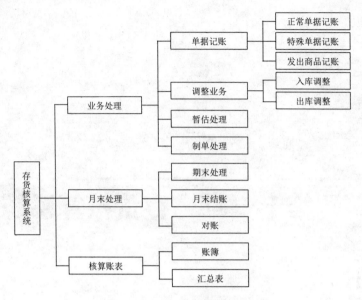

图 11-1 存货核算系统工作流程

(二)月末处理

月末处理主要包括期末处理、月末结账和与总账系统对账,即在存货核算系统日常业务全部完成后,就可以进行期末处理和月末结账,并将存货核算系统与总账管理系统对账。

(三)核算账表

存货核算的账簿报表主要是对存货明细账表进行查询和打印。存货核算账表的内容有账簿和汇总表。

二、存货核算系统的应用模式

存货核算系统既可以和采购管理系统、销售管理系统、库存管理系统集成使用,也可以只与库存管理系统联合使用,还可以单独使用。

(一)集成应用模式

当存货核算系统与采购管理系统、销售管理系统、库存管理系统集成使用时,在库存管理系统中录入采购入库单,在销售管理系统中录入发货单,审核后即可自动生成销售出库单传递到库存管理系统和存货核算系统。在库存管理系统中只录入除采购入库单和销售出库单之外的其他单据,并完成对各种出、入库单据的审核,即可在存货核算系统中,对各种出、入库单据进行记账操作,并生成出、入库凭证。

(二)与库存管理联合使用

当存货核算系统与库存管理系统联合使用时,在库存管理系统中录入各种出、入库单据,并进行审核,即可在存货核算系统中对各种出、入库单据记账,生成凭证。

(三)独立应用模式

如果存货核算系统单独使用，那么所有的出、入库单据均可在存货核算系统中填制。

第二节 业 务 处 理

存货核算系统的业务处理主要包括单据记账、调整业务、暂估处理和制单处理。

一、单据记账

单据记账是系统将已录入的单据根据其业务类型登记到相关的账簿报表中的过程。用友软件的单据记账可分为正常单据记账、特殊单据记账和发出商品记账三种方式。

单据记账时，需注意以下几点。

(1) 无单价的入库单据不能记账，因此记账前应对暂估入库的成本、产成品入库单的成本进行确认和修改。

(2) 已记账单据不能修改和删除。如果发现已记账单据有错误，在本月未结账状态下可取消记账设置；如果已生成凭证，就不能取消记账设置，除非先删除相关凭证。

二、调整业务

出入库单据记账后，发现单据金额错误，如果是录入错误，通常可采用修改方式进行调整。但有时遇到由于暂估入库后发生零出库业务等原因所造成的出库成本不准确或库存数量为零而仍有库存金额的情况时，只能使用入库调整单或出库调整单进行调整。

调整单记账时，在明细账中记录一笔只有金额没有数量的记录。存货采用计划价或售价核算时，调整金额记入差异账或差价账中，形成一笔差异调整；实际价核算时，调整金额记入存货明细账中，形成一笔存货调整。

(一)入库调整

入库调整单是对存货的入库成本进行调整的单据，它只调整存货的金额，不调整存货的数量。当其用来调整当月的入库金额，并相应调整存货的结存金额时，可针对单据进行调整，也可针对存货进行调整

(二)出库调整

出库调整单是对存货的出库成本进行调整的单据，它只调整存货的金额，不调整存货的数量。当其用来调整当月的出库金额，并相应调整存货的结存金额时，只能针对存货进行调整，不能针对单据进行调整。

三、暂估处理

暂估处理包括暂估成本录入和暂估成本处理两部分内容。

(一)暂估成本录入

对于没有成本的采购入库单,可以采用入库单成批录入功能录入暂估成本。

(二)暂估成本处理

暂估成本是指采购管理系统所购存货已入库,但发票未到或未报销时入库单上的估算成本;当已报销后,需进行成本处理。

暂估入库成本处理可分为月初回冲、单到回冲和单到补差三种方式。无论采用哪种方式,都要遵循以下步骤:待采购发票到达后,在采购管理系统填制发票并进行采购结算,然后在存货核算系统中完成暂估入库业务成本处理。

四、制单处理

制单处理是指根据已记账单据生成记账凭证,并可对已生成的所有凭证进行查询显示,所生成的凭证可在总账系统中显示及生成科目总账。

第三节 月末处理和核算账表

存货核算系统的月末处理主要有期末处理、月末结账和对账,即在存货核算系统日常业务全部处理完毕后,再进行期末处理和月末结账,并将存货核算系统与总账系统对账。存货核算的账簿报表主要是对存货明细账表进行查询和打印。

一、期末处理

当存货核算系统日常业务全部完成后需要进行期末处理,即系统自动计算全月平均单价及本月出库成本,并对已完成日常业务的仓库或部门做处理标识。

如果使用采购和销售管理系统,应在采购和销售管理系统作结账处理后才能进行期末处理。系统提供了恢复期末处理功能,但是在总账结账后将不可恢复。

期末处理时,需注意以下几点。

(1) 如果存货成本按全月平均法核算,当月业务全部完成后,用户才能进行期末处理。

(2) 存货核算期末处理需要在采购管理系统、销售管理系统、库存管理系统结账后进行。

(3) 期末处理之前应检查需要记账的单据是否已全部记账。

二、月末结账

月末结账功能用来进行月末结账工作,对本月账簿做结账标识,如果与采购管理系统集成使用,并且暂估处理方式选择"月初回冲"时,同时生成下月红字回冲单等。月末结账后将不能再进行当前会计月份的工作,只能做下个会计月份的日常工作。

月末结账时,需注意以下几点。

(1) 月末结账之前用户一定要进行数据备份,否则数据一旦发生错误,将造成无法挽回的损失。月末结账后将不能再做当前月的业务，只能做下个月的日常业务。

(2) 如果是集成应用模式，必须采购管理系统、销售管理系统、库存管理系统全部结账后，存货核算系统才能结账。

三、对账

为保证业务与财务数据的一致性，需要将存货核算系统与总账管理系统对账，即将存货核算系统记录的存货明细账数据与总账管理系统存货科目的结存金额和数量进行核对。

四、核算账表

核算账表的功能是对各种出入库业务中形成的账表、数据进行的查询、分摊和汇总。综合利用核算账表系统提供的各种账表及查询功能，可以加强企业对存货的核算。存货核算账表主要包括账簿和汇总表。

实验十二　存　货　核　算

实验目的

- 熟悉存货核算系统的主要内容和操作流程。
- 掌握存货业务和月末处理的操作方法。

实验内容

- 出入库单据处理。
- 调整业务。
- 制单处理。
- 月末处理。

实验准备

录入实验八的账套备份数据或在U盘上引入已备份的实验八的账套数据。

实验要求

004(张勇)负责存货核算的操作。

实验资料

1. 业务1

2021年1月15日，将2021年1月4日向朗新公司购买的19寸显示器的入库成本增加500元。

2. 业务 2

2021 年 1 月 20 日，调整 2021 年 1 月 8 日销售一部出售给时代公司的台式电脑的出库成本 200 元。

实验步骤

1. 业务 1

业务类型：入库调整业务

1) 在存货核算系统中录入入库调整单并记账

(1) 以"004 张勇"的身份注册进入企业应用平台，登录日期为 2021 年 1 月 15 日，在存货核算系统中执行"日常业务"|"入库调整单"命令，进入"入库调整单"窗口。

(2) 单击"增加"按钮，根据实验资料"1. 业务 1"选择仓库"原料库"，录入日期"2021-01-15"，选择收发类别"采购入库"，部门"采购部"，供应商"朗新公司"。

(3) 选择存货"03 19 寸显示器"，调整金额为"500"。

(4) 单击"保存"按钮，再单击"记账"按钮后退出。

2) 在存货核算系统中生成入库调整凭证

(1) 执行"财务核算"|"生成凭证"命令，进入"生成凭证"窗口，单击"选择"按钮，打开"查询条件"对话框。

(2) 选中"入库调整单"选项，单击"确定"按钮，进入"未生成凭证单据一览表"窗口。

(3) 选择要制单的记录行，单击"确定"按钮，选择凭证类别"转账凭证"，再单击"生成"按钮，进入"填制凭证"窗口。保存后，生成以下入库凭证。

借：原材料/生产用原材料(140301)　　　500
　　贷：在途物资(1402)　　　　　　　　　　500

2. 业务 2

业务类型：出库调整业务

1) 在存货核算系统中录入出库调整单并记账

(1) 以"005 马俊"的身份注册进入企业应用平台，登录日期为 2021 年 1 月 20 日，启动存货核算系统，执行"日常业务"|"出库调整单"命令，进入"出库调整单"窗口。

(2) 单击"增加"按钮，根据实验资料"2. 业务 2"选择仓库"成品库"，录入日期"2021-01-20"，收发类别"销售出库"，部门"销售一部"，客户"时代公司"。

(3) 选择存货"05 台式电脑"，调整金额为"200"。

(4) 单击"保存"按钮，再单击"记账"按钮后退出。

2) 在存货核算系统中生成出库调整凭证

(1) 执行"财务核算"|"生成凭证"命令，进入"生成凭证"窗口，单击"选择"按钮，打开"查询条件"对话框。

(2) 选中"出库调整单"复选框，单击"确定"按钮，进入"未生成凭证单据一览表"窗口。

(3) 选择要制单的记录行，单击"确定"按钮，选择凭证类别"转账凭证"，再单击"生成"按钮，进入"填制凭证"窗口。保存后，生成以下出库凭证。

借：主营业务成本(6401)　　　200
　　贷：库存商品(1405)　　　　200

3. 月末处理

1) 期末处理

(1) 在存货核算系统中执行"业务核算"|"期末处理"命令，打开"期末处理"对话框。

(2) 选择要期末处理的仓库，单击"确定"按钮，打开"月平均单价计算表"窗口，再单击"确定"按钮，系统弹出"期末处理完毕！"，确定后返回"期末处理"对话框，即可对所选仓库进行期末处理。

2) 月末结账

(1) 在存货核算系统中执行"业务核算"|"月末结账"命令，进入"月末结账"窗口。

(2) 单击"确定"按钮，系统弹出"月末结账完成！"，确定后返回。

4. 账套备份

(1) 在硬盘建立"实验十二 存货核算"文件夹。

(2) 将账套数据备份输出至"实验十二 存货核算"文件夹中。

思考与练习

1. 简述存货核算系统的应用模式。
2. 用友软件的单据记账有哪几种方式？
3. 为什么要进行出入库业务的调整？如何调整？
4. 暂估处理主要包括哪些内容？

附录　财务业务一体化综合实验

实验资料

(一) 系统管理

1. 账套信息

账套号：999；名称：阳光科技股份有限公司；单位简称：阳光公司；启用日期：2021年1月。企业的记账本位币：人民币(RMB)；企业类型：工业；行业性质：2007年新会计制度科目。账套主管：张静，按行业性质预置会计科目。客户和供应商分类，企业有外币核算。客户和供应商分类编码级次：23；部门编码级次：1；会计科目编码级次：4222；小数位均为2。总账系统的启用日期是2021年1月1日。

2. 财务分工

账套主管：001 张静；会计：002 李霞，拥有总账系统(除审核凭证)的所有操作权限；出纳：003 刘冰，拥有总账系统中出纳签字及出纳的所有权限。

3. 设置基础档案

1) 部门档案

部门档案见表1。

表1　部门档案

部门编码	部门名称
1	人事部
2	财务部
3	生产部
4	市场部

2) 人员类别

本公司正式工可分为三类，如表2所示。

表 2 人员类别

分类编码	档案名称
10101	企业管理人员
10102	生产人员
10103	销售人员

3) 人员档案

人员档案见表 3。

表 3 人员档案

人员编码	人员姓名	性别	人员类别	人事部门	是否是业务员	是否是操作员	对应操作员编码
101	王刚	男	企业管理人员	人事部	是		
102	赵丽	女	企业管理人员	财务部	是	是	001
103	李霞	女	企业管理人员	财务部	是	是	002
104	刘冰	女	企业管理人员	财务部	是	是	003
105	李倩	女	生产人员	生产部	是		
106	杨明	男	销售人员	市场部	是		

4) 客户分类

客户分类见表 4。

表 4 客户分类

分类编码	分类名称
01	东北地区
02	华北地区
03	华东地区

5) 客户档案

客户档案见表 5。

表 5 客户档案

客户编码	客户简称	所属分类
001	大连汇森公司	01
002	河北美嘉公司	02
003	汕头九华公司	03

6) 供应商分类

供应商分类见表 6。

表6 供应商分类

分类编码	分类名称
01	短期客户
02	中期客户
03	长期客户

7) 供应商档案

供应商档案见表7。

表7 供应商档案

供应商编码	供应商简称	所属分类
001	青岛海港公司	01
002	沧州永丰公司	02
003	徐州斯特公司	03

(二)总账管理系统初始设置

1. 总账控制参数

凭证采用制单序时控制、支票控制,可以使用应收、应付受控科目,现金流量科目必录现金流量项目,凭证审核控制到操作员,出纳凭证必须经出纳签字,部门、个人、项目按编码方式排序。

2. 外币及汇率

币符:USD;币名:美元;固定汇率:1∶6.315。

3. 凭证类别

收款凭证、付款凭证、转账凭证。(备注:设置限制类型和限制科目)

4. 结算方式

1现金支票;2转账支票。

5. 项目目录

项目大类:生产成本。

核算科目:直接材料500101、直接人工500102。

项目分类:1自行开发项目;2委托开发项目。

项目名称:001 甲产品、002 乙产品。(备注:都属自行开发项目)

6. 会计科目期初余额

会计科目期初余额见表8。

表8　会计科目期初余额

类型	科目编码	科目名称	辅助核算	方向	余额
资产	1001	库存现金	日记账	借	2 000.00
资产	1002	银行存款		借	250 000.00
资产	100201	工行存款	银行账、日记账	借	200 000.00
资产	100202	中行存款	银行账、日记账(美元)	借	50 000.00
资产	1122	应收账款	客户往来	借	30 000.00
资产	1231	坏账准备		贷	300.00
资产	1221	其他应收款	个人往来	借	6 000.00
资产	1403	原材料		借	51 400.00
资产	140301	生产用原材料	数量核算(吨)	借	51 400.00
成本	5001	生产成本		借	6 300.00
成本	500101	直接材料	项目核算	借	5 000.00
成本	500102	直接人工	项目核算	借	1 300.00
负债	2202	应付账款	供应商往来	贷	20 000.00
负债	2221	应交税费		贷	35 400.00
负债	222101	应交增值税		贷	35 400.00
负债	22210101	进项税额		贷	
负债	22210102	销项税额		贷	35 400.00
负债	222102	应交所得税		贷	
权益	4001	实收资本		贷	290 000.00
损益	6602	管理费用		借	
损益	660201	差旅费	部门核算	借	

指定1001库存现金为现金总账科目。

指定1002银行存款为银行总账科目。

指定1001库存现金、100201工行存款和100202中行存款为现金流量科目。

7. 辅助账期初余额

辅助账期初余额见表9～表12。

表9　其他应收款期初余额

日期	部门名称	姓名	摘要	借贷方向	金额
2020-12-26	人事部	王刚	出差借款	借	6 000.00

表10　应收账款期初余额

日期	客户名称	摘要	借贷方向	金额
2020-12-25	大连汇森公司	销售商品	借	30 000.00

表11　应付账款期初余额

日期	供应商名称	摘要	借贷方向	金额
2020-12-20	徐州斯特公司	购货款	贷	20 000.00

表 12 生产成本期初余额

科目名称	甲产品	乙产品	合计
直接材料 500101	2 000.00	3 000.00	5 000.00
直接人工 500102	500.00	800.00	1 300.00
合计	2 500.00	3 800.00	6 300.00

(三)总账管理系统日常业务处理

阳光公司 2021 年 1 月发生以下经济业务。

(1) 1 月 2 日财务部刘冰从工行提取现金 5 000 元。(现金支票 101)

借：库存现金(1001)　　　　　　　5 000
　　贷：银行存款——工行存款(100201)　　5 000

(2) 1 月 5 日生产部李倩购生产用原材料 30 吨，每吨 1 000 元，材料直接入库，货款以银行存款支付。(转账支票 1007)

借：原材料——生产用原材料(140301)　　　　　　30 000
　　应交税费——应交增值税——进项税额(22210101)　5 100
　　贷：银行存款——工行存款(100201)　　　　　　35 100

(3) 1 月 6 日人事部王刚出差归来，报销差旅费 6 000 元。

借：管理费用——差旅费(660201)　　6 000
　　贷：其他应收款(1221)　　　　　　6 000

(4) 1 月 8 日生产部领用材料 5 吨，单价 1 000 元，用于生产甲产品。

借：生产成本——直接材料(500101)　　5 000
　　贷：原材料——生产用原材料(140301)　5 000

(5) 1 月 10 日收到外单位投资 10 000 美元，汇率 1∶6.315，转账支票号 2001。

借：银行存款——中行存款(100202)　　63 150
　　贷：实收资本(4001)　　　　　　　　63 150

(6) 1 月 12 日市场部杨明销售给河北美嘉公司一批甲产品，转来转账支票一张，金额为 11 700 元，转账支票号为 2002。

借：银行存款——工行存款(100201)　　11 700
　　贷：主营业务收入(6001)　　　　　　10 000
　　　　应交税费——应交销项税额(22210102)　1 700

(7) 1 月 20 日财务部刘冰偿还徐州斯特公司货款 20 000 元，以工行存款支付。转账支票号为 2003。

借：应付账款(2202)　　　　　　20 000
　　贷：银行存款——工行存款(100201)　20 000

(四)总账管理系统期末处理

(1) 将期间损益转入"本年利润"。
(2) 计算本月应缴纳的所得税。
(3) 结转本月"所得税费用"。

(五)报表管理系统

利用报表模板生成资产负债表、利润表和现金流量表。

操作提示

1. 系统注册

以系统管理员(admin)身份注册进入管理系统。

2. 设置用户

根据实验资料"(一)-2.用户及权限",增加001赵丽、002李霞和003刘冰的用户信息。

3. 建立账套

根据实验资料"(一)-1.账套信息",按系统提示创建阳光公司的账套数据。

4. 设置用户权限

根据实验资料"(一)-2.用户及权限",依次给各用户设置权限。

5. 系统启用

以"001赵丽"的身份注册进入企业应用平台,启用总账管理系统,启用日期为2021年1月1日。

6. 设置基础档案

以"001赵丽"的身份注册进入企业应用平台,根据实验资料"(一)-3.基础档案",依次录入部门档案、人员类别、人员档案等基础档案信息。

7. 总账管理系统初始设置

以"001赵丽"的身份注册进入企业应用平台,根据实验资料"(二)总账管理系统初始设置"进行初始设置。

8. 填制凭证

以"002李霞"的身份注册进入企业应用平台,根据实验资料"(三)总账管理系统日常业务处理",填制记账凭证。

9. 出纳签字

以"003刘冰"的身份注册进入企业应用平台,完成凭证的出纳签字操作。

10. 审核凭证和记账

以"001赵丽"的身份注册进入企业应用平台,完成凭证的审核和记账操作。

11. 自动转账

以"002李霞"的身份注册进入企业应用平台,根据实验资料"(三)总账管理系统日常业务处理",利用期间损益和自定义转账定义的方法实现自动结转,生成期间损益转入本年利润、计算本月应缴所得税和结转所得税费用的转账凭证,并以"001 赵丽"的身份注册进入企业应用平台,依此进行相应凭证的审核、记账操作。

12. 结账

以"001 赵丽"的身份注册进入企业应用平台,完成期末结账。

13. 生成报表

以"001 赵丽"的身份注册进入企业应用平台,在 UFO 报表管理系统中,利用报表模板编制阳光公司 2021 年 1 月份资产负债表、利润表和现金流量表。

综合实验一　业　务　核　算

实验目的

- 熟悉供应链管理各系统的主要内容和操作流程。
- 掌握供应链管理各系统初始设置、日常处理和期末处理的操作方法。

实验内容

- 应收款管理系统。
- 应付款管理系统。
- 采购管理系统。
- 销售管理系统。
- 库存管理系统。
- 存货核算系统。

实验准备

录入单项实验中实验二的账套数据。

实验要求

- 001(王健)负责供应链管理各系统初始设置的操作,操作时间为 2021 年 1 月 1 日。
- 001(王健)负责应收款管理系统、应付款管理系统相关业务单据填制及记账凭证生成的操作,完成各系统记账、结账工作,操作时间为 2021 年 1 月 31 日。
- 003(周敏)负责总账管理系统出纳签字的操作,操作时间为 2021 年 1 月 31 日。
- 002(赵静)负责总账管理系统审核凭证和记账的操作,操作时间为 2021 年 1 月 31 日。
- 004(张勇)负责采购管理、库存管理和存货核算各系统相关业务单据填制及记账凭证生成的操作,操作时间为 2021 年 1 月 31 日。

- 005（马俊）负责销售管理、库存管理和存货核算各系统相关业务单据填制及记账凭证生成的操作，操作时间为2021年1月31日。

实验资料

1. 供应链各系统参数

1) 采购管理系统

专用发票默认税率：13%。

2) 销售管理系统

是否销售生成出库单：选中；报价是否含税：不选；新增发货单默认：参照订单；新增退货单默认：参照发货单；新增发票默认：参照发货单；其他参数保持系统默认设置。

3) 库存管理系统

参数采用系统默认设置。

4) 存货核算系统

暂估方式：单到回冲；销售成本核算方式：销售出库单；其他参数保持系统默认设置。

2. 基础档案信息

1) 存货分类

存货分类见表13。

表13 存货分类

存货分类编码	存货分类名称
01	原材料
02	产成品

2) 计量单位组

计量单位组见表14。

表14 计量单位组

计量单位组编码	计量单位组名称	计量单位组类别
01	无换算关系	无换算率

3) 计量单位

计量单位见表15。

表15 计量单位

计量单位编码	计量单位名称	所属计量单位组类别
01	个	无换算
02	盒	无换算
03	只	无换算
04	台	无换算

4) 存货档案

存货档案见表16。

表 16　存货档案

存货编码	存货名称	所属类别	主计量单位名称	税率/%	存货属性
01	主板	01	个	17	外购 生产耗用 内销
02	硬盘	01	盒	17	外购 生产耗用 内销
03	键盘	01	只	17	外购 生产耗用 内销
04	台式电脑	02	台	17	自制 内销

5) 仓库档案

仓库档案见表17。

表 17　仓库档案

仓库编码	仓库名称	计价方式
01	原材料仓库	移动平均
02	产成品仓库	移动平均

6) 收发类别

收发类别见表18。

表 18　收发类别

收发类别编码	收发类别名称
1	采购入库
2	暂估入库
3	产成品入库
4	销售出库
5	领料出库

7) 采购类型

采购类型见表19。

表 19　采购类型

采购类型编码	采购类型名称	入库类别	是否默认值
1	普通采购	采购入库	是

8) 销售类型

销售类型见表20。

表 20　销售类型

销售类型编码	销售类型名称	出库类别	是否默认值
1	经销	销售出库	是

9) 开户银行

开户银行见表21。

表21 开户银行

开户银行编码	名　称	账　号
01	工商银行太原市南内环分理处	050212180902

3. 业务科目设置

1) 根据存货分类设置存货科目

根据存货分类设置的存货科目见表22。

表22 存货科目

存货分类	存货科目
原材料	生产用原材料(140301)
产成品	库存商品(1405)

2) 根据收发类别设置存货的对方科目

根据收发类别设置存货的对方科目见表23。

表23 存货的对方科目

收发分类	对方科目
采购入库	在途物资(1402)
暂估入库	应付账款(2202)
产成品入库	生产成本/直接材料(500101)
销售出库	主营业务成本(6401)
领料出库	生产成本/直接材料(500101)

3) 设置应收款管理系统中的常用科目

(1) 基本科目设置。

基本科目设置见表24。

表24 基本科目

基本科目	对应科目
应收科目	应收账款(1122)
销售收入科目	主营业务收入(6001)
税金科目	应交税费/应交增值税/销项税额(22210102)

(2) 结算方式科目设置。

结算方式科目设置见表25。

(3) 设置应收款管理系统的账套参数。

将坏账处理方式设置为"应收余额百分比法"。

表 25　结算方式科目

结算方式名称	对应科目
现金支票	工行存款(100201)
转账支票	工行存款(100201)

(4) 坏账准备设置。

提取比例：0.5%；期初余额：5 000；坏账准备科目：1231；对方科目：6701。

4) 设置应付款管理系统中的常用科目

(1) 基本科目设置。

基本科目设置见表 26。

表 26　基本科目

基本科目	对应科目
应付科目	应付账款(2202)
采购科目	在途物资(1402)
税金科目	应交税费/应交增值税/进项税额(22210101)

(2) 结算方式科目设置。

结算方式科目设置见表 27。

表 27　结算方式科目

结算方式名称	对应科目
现金支票	工行存款(100201)
转账支票	工行存款(100201)

4. 期初数据

1) 采购管理系统期初数据

2020 年 12 月 24 日，收到易迅公司提供的主板 50 个，单价为 600 元，商品已验收入原材料仓库，至今未收到发票。

2) 库存和存货核算系统期初数据

库存和存货核算系统各仓库期初数据见表 28。

表 28　各仓库期初数据

仓库名称	存货名称	数量	结存单价
原料库	主板	300	450
	硬盘	500	230
成品库	台式电脑	200	4 000

3) 应收款管理系统期初数据(以应收单形式录入)

应收账款期初余额见表 29。

表 29 应收账款期初余额

日 期	客 户	摘 要	方 向	金 额
2020.12.20	时代公司	销售商品	借	500 000

4) 应付款管理系统期初数据(以应付单形式录入)

应付账款期初余额见表 30。

表 30 应付账款期初余额

日 期	客 户	摘 要	方 向	金 额
2020.12.28	易迅公司	购货款	贷	289 700

5. 业务资料

业务 1。

(1) 2021 年 1 月 3 日,业务员张勇向上级主管提出请购要求,请购键盘 200 只,单价 60 元,供应商为朗新公司,业务员据此填制请购单,需求日期为 2021 年 1 月 6 日。

(2) 2021 年 1 月 4 日,上级主管同意向朗新公司订购键盘 200 只,单价 60 元,要求到货日期为 2021 年 1 月 6 日。

(3) 2021 年 1 月 6 日,收到所订购的键盘 200 只,填制到货单。

(4) 2021 年 1 月 6 日,将所收到的货物验收入原料库,同时收到该笔货物的专用发票一张,票号为 ZY001,采购部将发票交给财务部,财务部确认此业务所涉及的应付账款和采购成本。

(5) 财务部开出转账支票一张,支票号为 Z001,结清货款。

业务 2。

(1) 2021 年 1 月 8 日,时代公司欲购买硬盘 50 盒,向销售部询问价格,销售报价为 650 元,填制并审核报价单。

(2) 时代公司了解情况后,要求订购 50 盒,发货日期为 1 月 10 日,填制并审核销售订单。

(3) 2021 年 1 月 10 日,销售部从原料库向时代公司发出所订货物,并据此开具专用发票一张。

(4) 销售部将发票交给财务部,财务部结转此业务的收入及成本。

(5) 2021 年 1 月 15 日,财务部收到时代公司转来转账支票一张,支票号为 2365,用以结清所购货物的货款。

业务 3。

2021 年 1 月 20 日,调整 2021 年 1 月 10 日出售给时代公司的硬盘的出库成本 200 元。

操作提示

(1) 以"001 王健"的身份注册进入企业应用平台,启用采购管理、销售管理、库存管理、存货核算、应收款管理、应付款管理系统。

(2) 根据实验资料"1.供应链各系统参数"完成各系统的参数设置。

(3) 根据实验资料"2.基础档案信息"进行基础存货信息和基础业务信息的设置。

(4) 根据实验资料"3.业务科目设置"进行存货科目和对方科目、应收系统科目、应付系统科目的设置。

(5) 根据实验资料"4.期初数据"录入采购管理、销售管理、库存管理和存货核算各系统的期初数据。

(6) 以"004 张勇"的身份注册进入企业应用平台，根据实验资料"5.业务资料—业务1"在相应模块填制相关业务单据，生成记账凭证。

(7) 以"005 马俊"的身份注册进入企业应用平台，根据实验资料"5.业务资料—业务2、业务3"在相应模块填制相关业务单据，生成记账凭证。

(8) 以"003 赵静"的身份注册进入企业应用平台，完成凭证的出纳签字操作。

(9) 以"002 赵静"的身份注册进入企业应用平台，完成凭证的审核和记账操作。

(10) 以"001 王健"的身份注册进入企业应用平台，依次完成各系统的结账工作，结账顺序为：销售管理系统、采购管理系统、库存管理系统、存货核算系统、应收款管理系统、应付款管理系统和总账管理系统。

综合实验二　财务与业务集成

实验目的

- 熟悉用友财务软件各系统的主要内容和操作流程。
- 掌握用友财务软件各系统初始设置、日常处理和期末处理的操作方法。

实验内容

- 系统管理。
- 总账管理系统。
- 报表管理系统。
- 薪资管理系统。
- 固定资产管理系统。
- 应收账款管理系统。
- 应付账款管理系统。
- 采购管理系统。
- 销售管理系统。
- 库存管理系统。
- 存货核算系统。

实验准备

安装用友 U8v10.1 系统。

实验要求

- 系统管理员(admin)负责系统注册、设置用户、建立账套和设置用户权限的操作。
- 账套主管 001(李娇)负责各系统初始设置和期初余额录入的操作，操作时间为 2021 年 1 月 1 日。
- 账套主管 001(李娇)负责根据经济业务在相应模块填制相关业务单据，生成记账凭证，完成各模块记账、结账工作，以及编制资产负债表和利润表，操作时间为 2021 年 1 月 31 日。
- 003(程宇)负责总账管理系统出纳签字的操作，操作时间为 2021 年 1 月 31 日。
- 002(刘琳)负责总账管理系统审核凭证和记账的操作，操作时间为 2021 年 1 月 31 日。

实验资料

(一)基础信息

1. 填写信息

1) 账套信息

账套号：666；账套名称：天骄公司；启用会计期间：2021 年 1 月 1 日。

2) 单位信息

单位名称：太原天骄笔业有限公司；单位简称：天骄笔业；单位地址：太原市并州南路 119 号；法定代表人：梁辉；邮编：030012；税号：140283783927877。

3) 核算类型

记账本位币：人民币；企业类型：工业；行业性质：2007 年新会计制度科目；账套主管：001；按行业性质预置科目。

4) 基础信息

存货、客户分类，供应商不分类，无外币核算。

5) 编码方案

科目编码：4222；部门：22；收发类别：121；其他采用系统默认设置；数据精度：采用系统默认。

2. 用户及其权限

用户及其权限见表 31。

表 31 用户及其权限

编 号	姓 名	所属部门	系统权限
001	李娇	财务部	账套的全部权限
002	刘琳	财务部	公共单据、公用目录设置、总账管理、薪资管理、固定资产管理、应收款管理、应付款管理
003	程宇	综合管理部	总账系统中出纳签字及出纳的所有权限

3. 系统启用

启用总账管理、应收款管理、应付款管理、固定资产管理、薪资管理、采购管理、销售管理、库存管理、存货核算各系统，启用日期统一为2015年1月1日。

4. 基础档案

1) 部门档案

部门档案见表32。

表32　部门档案

部门编码	部门名称	部门编码	部门名称
01	综合管理部	05	生产部
02	财务部	0501	生产一部
03	采购部	0502	生产二部
04	销售部	06	仓管部

2) 人员类别

本公司正式工可分为五类，见表33。

表33　人员类别

分类编码	分类名称
10101	管理人员
10102	行政人员
10103	营销人员
10104	采购人员
10105	生产人员

3) 人员档案

人员档案见表34。

表34　人员档案

人员编号	人员姓名	性别	人事部门	人员类别	是否是业务员	是否是操作员	对应操作员编码
001	程宇	男	综合管理部	管理人员	是	是	003
002	韩梦	女	综合管理部	行政人员	是		
003	李娇	女	财务部	管理人员	是	是	001
004	刘琳	女	财务部	行政人员	是	是	002
005	王峰	男	采购部	采购人员	是		
006	郝涛	男	采购部	采购人员	是		
007	赵楠	男	销售部	营销人员	是		
008	吴刚	男	销售部	营销人员	是		
009	何斌	男	生产一部	管理人员	是		
010	赵佳	男	生产一部	生产人员	是		

续表

人员编号	人员姓名	性别	人事部门	人员类别	是否是业务员	是否是操作员	对应操作员编码
011	梁亮	女	生产二部	管理人员		是	
012	贺飞	男	生产二部	生产人员		是	
013	赵海	男	仓管部	管理人员		是	

4) 地区分类

地区分类见表35。

表35 地区分类

地区分类	分类名称
01	北方地区
02	南方地区

5) 客户分类

客户分类见表36。

表36 客户分类

分类编码	分类名称
01	批发商
02	代理商
03	零散客户

6) 客户档案

客户档案见表37。

表37 客户档案

客户编号	客户简称	所属分类码	所属地区	分管部门	分管业务员	开户银行	银行账号	税号
0101	北京永丰公司	01	01	销售部	赵楠	交通银行	1111	1166
0102	天津久泰公司	01	01	销售部	吴刚	华夏银行	2222	2266
0201	福州锦源公司	02	02	销售部	赵楠	农业银行	3333	3366
0202	上海如德公司	02	02	销售部	吴刚	中国银行	4444	4466
0301	零散客户	03	01					

7) 供应商档案

供应商档案见表38。

表38 供应商档案

供应商编号	供应商简称	所属地区	分管部门	分管业务员
001	润美公司	01	采购部	王峰
002	安美公司	02	采购部	郝涛
003	艺博公司	01	采购部	王峰

8) 存货分类及存货档案设置

(1) 计量单位组和计量单位。

计量单位组和计量单位分别见表39、表40。

表39 计量单位组

计量单位组编码	计量单位组名称	计量单位组类别
01	自然单位	无换算率
02	支与盒	固定换算率

表40 计量单位

计量单位编号	计量单位名称	计量单位组编号	换算率
0101	元	01	无换算率
0201	支	02	100
0202	盒	02	1

(2) 存货分类和存货档案。

存货分类和存货档案见表41。

表41 存货分类和存货档案

存货分类	存货编码	存货名称	计量单位	税率	属性
01 原材料	0001	笔芯	支	13%	外购、生产耗用
	0002	笔壳	支	13%	外购、生产耗用
	0003	笔帽	支	13%	外购、生产耗用
	0004	弹簧	支	13%	外购、生产耗用
02 半成品类	001	笔身组件	支	13%	自制、生产耗用
03 成品类	01	单色圆珠笔	支	13%	自制、内销
	02	双色圆珠笔	支	13%	自制、内销
	03	三色圆珠笔	支	13%	自制、内销
04 劳务类	YS001	运输费	元	9%	外购,应税劳务

9) 结算方式

结算方式见表42。

表42 结算方式

编号	结算名称	是否是票据管理
1	现金支票	是
2	转账支票	是
3	商业承兑汇票	
4	银行承兑汇票	

10) 银行档案

银行编码:05;银行名称:中国商业银行;默认个人账号"定长";账号长度:14位。自动带出的账号长度为8位。

11) 本单位开户银行

本单位开户银行见表43。

表43 本单位开户银行

编　号	银行账号	开户银行
001	32401202198321	中国商业银行太原支行

12) 项目目录

项目目录见表44。

表44 项目目录

项目大类名称	圆珠笔成本核算			
项目分类	0 无分类			
核算科目	库存商品\圆珠笔 生产成本\人工费 生产成本\材料费 生产成本\制造费用 主营业务收入\圆珠笔 主营业务成本\圆珠笔业务成本			
项目目录	项目编号	项目名称	是否结算	所属分类码
	001	单色圆珠笔	否	无分类
	002	双色圆珠笔	否	无分类
	003	三色圆珠笔	否	无分类

13) 凭证类别

采用记账凭证方式。

14) 仓库档案

仓库档案见表45。

表45 仓库档案

仓库编码	仓库名称	计价方式
01	原材料库	移动平均法
02	半成品库	移动平均法
03	产成品库	移动平均法

15) 收发类别

收发类别见表46。

表46　收发类别

一级编码及名称	二级编码及名称	一级编码及名称	二级编码及名称
1 入库	101 采购入库	2 出库	201 销售出库
	102 采购退货		202 销售退货
	103 盘盈入库		203 盘亏出库
	104 调拨入库		204 调拨出库
	105 产成品入库		205 领料出库
	106 其他入库		206 其他出库

16) 采购类型和销售类型

采购类型和销售类型见表47。

表47　采购类型和销售类型

	名称	出入库类别		名称	出入库类别
采购类型	01 厂家进货	采购入库	销售类型	01 批发零售	销售出库
	02 代理商进货	采购入库		02 销售退回	销售退货
	03 采购退回	采购退货			

17) 费用项目分类

无分类。

18) 费用项目

费用项目见表48。

表48　费用项目

费用项目编码	费用项目名称	费用项目分类
01	运输费	无分类
04	业务招待费	无分类

19) 单据格式

在以下单据格式中增加件数、换算率等栏目。

采购订单、到货单、采购入库单、材料出库单、销售报价单、销售订单、发货单、库存期初、委托代销发货单。

(二)各模块系统参数设置

1. 总账管理系统参数

制单序时控制；出纳凭证必须经由出纳签字；不允许修改、作废他人填制的凭证；数量小数位和单价小数位设置为2；部门、个人、项目按编码方式排序。

2. 固定资产管理系统

1) 账套参数

账套参数见表49。

表49 账套参数

控制参数	参数设置
折旧信息	本账套计提折旧 折旧方法：平均年限法一 折旧汇总分配周期：1个月 当"月初已计提月份=可使用月份-1"时，将剩余折旧全部提足
编码方式	资产类别编码方式：2112 固定资产编码方式：按"类别编码+部门编码+序号"自动编码 卡片序号长度为3
财务接口	与账务系统进行对账 固定资产对账科目：固定资产(1601) 累计折旧对账科目：累计折旧(1602)
补充参数	业务发生后立即制单 月末结账前一定要完成制单登账业务 固定资产默认入账科目：1601 累计折旧默认入账科目：1602

2) 资产类别

资产类别见表50。

表50 资产类别

类别编码	类别名称	使用年限	净残值率/%	计提属性	折旧方法	卡片样式
01	房屋及建筑物	30	2	正常计提	平均年限法(一)	通用样式
011	行政楼	30	2	正常计提	平均年限法(一)	通用样式
012	厂房	30	2	正常计提	平均年限法(一)	通用样式
02	机器设备	10	3	正常计提	平均年限法(一)	通用样式
03	运输设备	6	4	正常计提	平均年限法(一)	通用样式
04	办公设备	5	3	正常计提	平均年限法(一)	通用样式

3) 部门及对应折旧科目

部门及对应折旧科目见表51。

表51 部门及对应折旧科目

部门	对应折旧科目
综合管理部、财务部、采购部	管理费用/折旧费(660201)
销售部	销售费用/折旧费(660101)
生产一部、生产二部、仓管部	制造费用/折旧费(510101)

4) 增减方式对应入账科目

增减方式对应入账科目见表52。

表52 增减方式对应入账科目

增加方式	对应入账科目	减少方式	对应入账科目
直接购入	银行存款——商业银行北京支行(100201)	出售	固定资产清理(1606)
投资者投入	实收资本(4001)	捐赠转出	固定资产清理(1606)
在建工程转入	在建工程(1604)		

3. 薪资管理系统

1) 账套参数

工资类别：多个工资类别，从工资中代扣个人所得税。

2) 工资类别设置

工资类别见表53。

表53 工资类别

类别编码	类别名称
001	在职人员
002	退休人员

工资类别为"在职人员"和"退休人员"，并且在职人员分布于各个部门，而退休人员只属于综合管理部门。

3) "在职人员"需增加的工资项目

"在职人员"需增加的工资项目见表54。

表54 工资项目

工资项目名称	类型	长度	小数	增减项
基本工资	数字	8	2	增项
职务补贴	数字	8	2	增项
交通补贴	数字	8	2	增项
应发合计	数字	10	2	增项
医疗保险	数字	8	2	减项
养老保险	数字	8	2	减项
缺勤扣款	数字	8	2	减项
扣款合计	数字	10	2	减项
实发合计	数字	10	2	增项
计税工资	数字	10	2	其他
代扣税	数字	10	2	减项
缺勤天数	数字	8	2	其他

4) 在职人员档案

在职人员档案见表55。

表55 在职人员档案

人员编号	人员姓名	性 别	人事部门	人员类别	银行账号
001	程宇	男	综合管理部	管理人员	10011020088001
002	韩梦	女	综合管理部	行政人员	10011020088002
003	李娇	女	财务部	管理人员	10011020088003
004	刘琳	女	财务部	行政人员	10011020088004
005	王峰	男	采购部	采购人员	10011020088005
006	郝涛	男	采购部	采购人员	10011020088006
007	赵楠	男	销售部	营销人员	10011020088007
008	吴刚	男	销售部	营销人员	10011020088008
009	何斌	男	生产一部	管理人员	10011020088009
010	赵佳	男	生产一部	生产人员	10011020088010
011	梁亮	女	生产二部	管理人员	10011020088011
012	贺飞	男	生产二部	生产人员	10011020088012
013	赵海	男	仓管部	管理人员	10011020088013

5) 个人所得税扣除基数

个人所得税按"计税工资"扣除"5 000"元后计税。

4. 供应链管理系统

1) 采购管理系统参数

(1) 允许超订单到货及入库。

(2) 专用发票默认税率：13%。

2) 库存管理系统参数

(1) 有组装拆卸业务。

(2) 有委托代销业务。

(3) 不允许超可用量出库。

(4) 出入库检查可用量。

(5) 有最高、最低库存控制。

(6) 其他参数采用系统默认设置。

3) 存货核算系统参数

(1) 暂估方式：月初回冲。

(2) 销售成本核算方式：销售发票。

(3) 委托代销成本核算方式：按普通销售核算。

(4) 零出库成本按手工输入方式。

(5) 结算单价与暂估单价不一致时需要调整出库成本。

(6) 其他参数采用系统默认设置。

存货科目见表 56。

表 56 存货科目

仓库名称	存货科目
原材料库	原材料(1403)
半成品库	原材料(1403)
产成品库	库存商品\圆珠笔(140501)

4) 销售管理系统参数

(1) 有委托代销业务。

(2) 有零售日报业务。

(3) 报价不含税。

(4) 新增发货单参照订单生成。

(5) 新增退货单和新增发票参照发货单生成。

(6) 其他参数采用系统默认设置。

5) 应收款管理系统参数设置和初始设置

(1) 应收系统选项。将坏账处理方式设置为"应收余额百分比法"。

(2) 初始设置。基本科目设置见表 57。

表 57 基本科目

基本科目	对应科目
应收科目	应收账款(1122)
销售收入科目	主营业务收入(600101)
税金科目	应交税费/应交增值税/销项税额(22210102)
销售退回科目	主营业务收入(600101)
银行承兑科目	应收票据(1121)
商业承兑科目	应收票据(1121)

6) 应付款管理系统初始设置

(1) 基本科目设置。基本科目设置见表 58。

表 58 基本科目

基本科目	对应科目
应付科目	应付账款(2202)
预付科目	预付账款(1123)
采购科目	原材料(1403)
税金科目	应交税费/应交增值税/进项税额(22210101)
银行承兑科目	应付票据(2201)
商业承兑科目	应付票据(2201)

(2) 结算方式科目设置。结算方式科目设置见表59。

表59 结算方式科目

结算方式名称	对应科目
现金支票	商业银行北京支行(100201)
转账支票	商业银行北京支行(100201)

(三)期初余额

1. 总账期初余额

总账期初余额见表60。

表60 总账期初余额

类型	科目编码	科目名称	计量单位	辅助账类型	方 向	期初余额
资产	1001	库存现金		日记	借	53 300
资产	1002	银行存款			借	
资产	100201	商业银行北京支行		银行日记	借	400 000
资产	1121	应收票据		客户往来	借	
资产	1122	应收账款		客户往来	借	80 000
资产	1221	其他应收款			借	
资产	122101	备用金			借	
资产	1123	预付账款		供应商往来	借	
资产	1403	原材料			借	48 900
资产	1409	自制半成品			借	4 800
资产	1405	库存商品			借	417 000
资产	140501	圆珠笔		项目核算	借	417 000
资产	1601	固定资产			借	1 162 000
负债	2001	短期借款				
负债	200101	商业银行北京支行				120 000
负债	2201	应付票据		供应商往来	贷	
负债	2202	应付账款		供应商往来	贷	46 000
负债	2221	应交税费			贷	
负债	222101	应交增值税			贷	
负债	22210101	进项税额			贷	
负债	22210102	销项税额			贷	
负债	222102	应交所得税			贷	
负债	2203	预收账款		客户往来	贷	
权益	4001	实收资本			贷	2 000 000
成本	5001	生产成本			借	
成本	500101	人工费		项目核算	借	
成本	500102	材料费		项目核算	借	

续表

类 型	科目编码	科目名称	计量单位	辅助账类型	方 向	期初余额
成本	500103	制造费用		项目核算	借	
成本	5101	制造费用			借	
成本	510101	折旧费			借	
成本	510102	维修费			借	
损益	6001	主营业务收入			贷	
损益	600101	圆珠笔		项目核算	贷	
损益	6401	主营业务成本			借	
损益	640101	圆珠笔业务成本		项目核算	借	
损益	6601	销售费用			借	
损益	660101	折旧费		部门核算	借	
损益	660102	工资		部门核算	借	
损益	660103	差旅费		部门核算	借	
损益	660104	广告费		部门核算	借	
损益	6602	管理费用			借	
损益	660201	折旧费		部门核算	借	
损益	660202	工资		部门核算	借	
损益	660203	电话费		部门核算	借	

2. 应收账款期初余额

应收账款期初余额见表61。

表61 应收账款期初余额

日 期	客户名称	业务员	摘 要	方 向	金 额
2020-12-16	天津久泰公司	吴刚	销售商品	借	50 000
2020-12-28	福州锦源公司	赵楠	销售商品	借	30 000

3. 应付账款期初余额

应付账款期初余额见表62。

表62 应付账款期初余额

单据日期	供应商名称	业务员	摘 要	方 向	金 额
2020-12-16	润美公司	王峰	购货款	贷	46000

4. 固定资产原始卡片

固定资产原始卡片见表63。

表63 固定资产原始卡片

卡片编号	00001	00002	00003	00004	00005
固定资产编号	01101001	0120501001	0402001	0402002	0304001
固定资产名称	1号楼	2号楼	电脑	打印机	轿车
类别编号	011	012	04	04	03
类别名称	行政楼	厂房	办公设备	办公设备	运输设备
部门名称	综合管理部占用20%，财务部占用20%，采购部占用30%，销售部占用30%	生产一部、生产二部各占50%	财务部	财务部	销售部
增加方式	在建工程转入	在建工程转入	直接购入	直接购入	直接购入
使用状况	在用	在用	在用	在用	在用
使用年限/年	30	30	5	5	6
折旧方法	平均年限法（一）	平均年限法（一）	平均年限法（一）	平均年限法（一）	平均年限法（一）
开始使用日期	2020-12-08	2020-12-08	2020-12-08	2020-12-08	2020-12-08
币种	人民币	人民币	人民币	人民币	人民币
原值	500 000	450 000	9 000	3 000	200 000
净残值率/%	2	2	3	3	4
累计折旧	0	0	0	0	0
对应折旧科目	管理费用——折旧费 销售费用——折旧费	制造费用——折旧费	管理费用——折旧费	管理费用——折旧费	销售费用——折旧费

5. 销售管理期初余额

(1) 2020年12月28日，向天津久泰公司发出三色圆珠笔50盒(5 000支)，价格为4元/支，由成品仓库发出。

(2) 2020年12月8日，委托福州锦源公司销售双色圆珠笔30盒(3 000支)，双方商订委托价格为2.8元/支，由成品仓库发出。

6. 采购管理期初余额

无。

7. 库存系统、存货系统期初数据

库存系统、存货系统各仓库期初数据见表64。

表64 各仓库期初数据

仓库名称	存货编码	存货名称	数量	件数	单价	金额
原材料库	0001	笔芯	30 000	300	0.5	15 000
原材料库	0002	笔壳	42 000	420	0.2	8 400
原材料库	0003	笔帽	55 000	550	0.3	16 500
原材料库	0004	弹簧	60 000	600	0.15	9 000
半成品库	001	笔身组件	8 000	80	0.6	4 800
产成品库	01	单色圆珠笔	50 000	500	1.5	75 000
产成品库	02	双色圆珠笔	60 000	600	2.2	132 000
产成品库	03	三色圆珠笔	75 000	750	2.8	210 000
合计						470 700

(四)企业日常业务及期末业务

(所有涉及的采购及销售业务均为无税单价,所有的采购及销售业务税金均为16%)

(1) 1月1日,采购部王峰向供货商艺博公司订购笔芯30盒(3 000支),单价为0.45元/支,计划到货期为2月5日。

(2) 1月1日,生产一部在原材料库中领用材料,各材料领用数量见表65。

表65 各材料领用数量

单位:盒

存货名称	领用数量	生产产品
笔芯	130	双色圆珠笔
笔壳	60	双色圆珠笔
笔帽	60	双色圆珠笔
弹簧	120	双色圆珠笔

(3) 1月1日,公司购进联想计算机8台,单价为4 000元/台。计算机由生产一部投入使用,款项用商业银行北京支行转账支票支付。由固定资产模块生成1张凭证(合并)传递到总账系统。(固定资产名称:联想计算机;固定资产编号:040501001-040501008)

借:固定资产
　　贷:银行存款——商业银行北京支行

(4) 1月2日,上海如德公司向我公司就双色圆珠笔进行询价,要求采购数量为300盒(30 000支),销售部吴中天对其报价为4元/支。

(5) 1月2日,销售员赵楠借差旅费,财务部付现金900元。

借:其他应收款——备用金(122101)
　　贷:库存现金

(6) 1月3日,采购部王峰向公司财务部申请货款2 000元用于预付艺博公司原料采购

款,经总经理同意后,财务部开具商业银行转账支票一张,金额为2 000元整。财务人员在应付模块中根据相应单据生成凭证传到总账系统。

借:预付账款
　　贷:银行存款——商业银行北京支行

(7) 1月4日,销售部以商业银行存款支付产品广告宣传费3 000元。

借:销售费用——广告费(660104)
　　贷:银行存款——商业银行北京支行

(8) 1月5日,收到艺博公司发来的笔芯及其专用发票,发票号码为ZY0003,开票日期为2021年1月5日。该批笔芯系1月1日采购部王峰订购。发票载明笔芯为3 000支,0.45元/支。同时收到运费发票一张(票号为YF0001),运输费为200元(费用的税率为10%)。经检验质量全部合格,办理入库(原材料库)手续。财务部门确认该笔存货成本(注:运费分摊按数量进行分摊)及应付款项,并用10月3日的预付艺博公司原料采购款冲销此次应付账款,根据相关单据生成财务凭证传递到总账系统。(注:两张发票合并制单)

借:原材料
　　应交税费——应交增值税(进项税额)
　　贷:应付账款
借:应付账款
　　贷:预付账款

(9) 根据1月2日的报价,1月5日本公司与上海如德公司协商,对方同意双色圆珠笔销售单价为3.90元/支,本公司确认后于1月7日从成品库发货,本公司以现金代垫运费600元。当日开具销售专用发票,发票号为Z001,货款尚未收到。财务部门确认该笔应收款项,并在应收模块中根据发票生成应收账款传到总账。

借:应收账款
　　贷:库存现金
借:应收账款
　　贷:主营业务收入
　　　　应交税费——应交增值税(销项税额)

(10) 1月8日,收回天津久泰公司转账支票一张50 000元用于支付前欠货款,财务部门确认入账,根据相关单据生成财务凭证传递到总账系统,并核销相应应收款项。

借:银行存款——商业银行北京支行
　　贷:应收账款

(11) 1月13日,天津久泰公司要求2014年12月28日对其发货的三色圆珠笔50盒(5 000支)分批开票,财务部门第一次开具的普通发票(票号为Z004)数量为4 000支,4元/支。对方收到发票后,用转账支票的形式全额支付了第一次货款。财务部门确认该笔款项,并在应收模块中完成相应单据处理操作,将业务凭证传递到总账系统。

借:应收账款
　　贷:主营业务收入
　　　　应交税费——应交增值税(销项税额)
借:银行存款——商业银行北京支行

贷：应收账款

(12) 1月17日，生产一部完成双色圆珠笔60盒(6 000支)生产任务，生产任务完成后入产成品仓。

(13) 1月24日，销售员赵楠报销1月2日向公司预支的差旅费700元，并归还现金200元。(注：差旅费进行部门核算)

借：库存现金

　　销售费用——差旅费(660103)

　　贷：其他应收款——备用金

(14) 1月28日，生产二部完工入库三色圆珠笔28盒(2 800支)，入产成品库。

(15) 1月29日，对生产一、二部进行机器设备维修，共花费维修费2 000元，用转账支票支付。

借：制造费用——维修费(510102)

　　贷：银行存款——商业银行北京支行

(16) 1月29日，提取现金3 000元备用。

借：库存现金

　　贷：银行存款——商业银行北京支行

(17) 1月30日，福州锦源公司根据其公司销售情况，结算2020年12月8日发出的双色圆珠笔中的20盒(2 000支)，并以转账支票方式进行现结，一次性付清结算款。本公司根据收到的货款给对方单位开具了普通发票(注：发票号及开票日期系统采用系统默认)，并根据相应单据生成凭证传到总账系统。

借：银行存款——商业银行北京支行

　　贷：主营业务收入

　　　　应交税费——应交增值税(销项税额)

(18) 1月30日，计提1月固定资产折旧费，并在相应模块生成凭证传到总账系统。

(19) 1月30日，进行工资数据计算和工资费用分摊。

① 在职人员工资数据。

在职人员工资数据见表66。

表66　2015年1月工资数据

人事部门	综合管理部		财务部		采购部		销售部		生产一部		生产二部		仓管部
人员姓名	程宇	韩梦	李娇	刘琳	王峰	郝涛	赵楠	吴刚	何斌	赵佳	梁亮	贺飞	赵海
基本工资	5 000	4 500	5 000	4500	5 000	4 500	5 000	4 500	5 000	4 500	5 000	4 000	5 000
缺勤天数			2	2									

② 工资项目计算公式。

工资项目计算公式见表67。

③ 工资费用分摊。

工资费用分摊见表68。

表67 工资项目计算公式

工资项目名称	公 式
交通补贴	IFF(人员类别="采购人员" OR 人员类别="营销人员",500,250)
职务补贴	基本工资×0.1
医疗保险	基本工资×0.02
养老保险	基本工资×0.03
缺勤扣款	(基本工资/30)×缺勤天数×0.6
计税工资	基本工资+职务补贴+交通补贴-医疗保险-养老保险-缺勤扣款

表68 工资费用分摊

计提类型	部门名称	人员类别	工资项目	借方项目大类	借方项目	借方科目	贷方科目
应付工资	综合管理部 财务部 仓管部	管理人员	应发合计			660202	2211
	综合管理部 财务部	行政人员	应发合计			660202	2211
	采购部	采购人员	应发合计			660202	2211
	销售部	营销人员	应发合计			660102	2211
	生产一部	管理人员	应发合计	圆珠笔成本核算	双色圆珠笔	500101	2211
	生产一部	生产人员	应发合计	圆珠笔成本核算	双色圆珠笔	500101	2211
	生产二部	管理人员	应发合计	圆珠笔成本核算	三色圆珠笔	500101	2211
	生产二部	生产人员	应发合计	圆珠笔成本核算	三色圆珠笔	500101	2211

根据上述数据在薪资系统中录入相关基本数据及计算公式,由工作系统算出应付工资额,并生成工资分摊凭证传给总账系统。

借:管理费用——工资
　　生产成本——人工费
　　销售费用——工资
　　贷:应付职工薪酬

(20) 1月30日,月末财务对当月材料出库业务进行材料成本结转,并生成凭证传到总账系统(一张材料出库单对应一张凭证)。

借:生产成本——材料费
　　贷:原材料

(21) 1月30日，月末财务将相应制造费用结转到生产成本(生产一部与二部制造费用比例按 3∶2 分摊)，生产一部全部分摊到双色圆珠笔项目上，生产二部全部分摊到三色圆珠笔项目上。(使用自定义转账生成凭证)

借：生产成本——制造费用
　　贷：制造费用——维修费
　　　　制造费用——折旧费

(22) 1月30日，将生产成本——人工费、材料费、制造费用结转至生产成本——成本结转(按产品结转)。

借：生产成本——成本结转(500104)
　　贷：生产成本——材料费
　　　　生产成本——人工费
　　　　生产成本——制造费用

(23) 1月30日，通过查项目账，将本月发生的生产成本全额分配到产成品入库单中，并生成凭证传到总账系统。

借：库存商品
　　贷：生产成本——成本结转(500104)

(24) 1月30日，财务部门根据当月销售业务结转相应销售成本，并生成凭证传到总账系统。

借：主营业务成本
　　贷：库存商品

(25) 1月31日，结转本月期间损益。(要求利用期间损益转账定义方法实现自动结转，生成收入、支出两张凭证)

(26) 1月31日，在 UFO 报表中，利用报表模板编制 10 月份资产负债表和利润表。

操作提示

1. 系统注册

以系统管理员(admin)身份注册进入系统管理。

2. 设置用户

根据实验资料"(一)-2.用户及权限"，增加 001 李娇、002 刘琳和 003 程宇的用户信息。

3. 建立账套

根据实验资料"(一)-1.账套信息"，按系统提示创建天骄公司的账套数据。

4. 设置用户权限

根据实验资料"(一)-2.用户及权限"，依次给各用户设置权限。

5. 系统启用

以"001 李娇"的身份注册进入企业应用平台，根据实验资料"(一)-3.系统启用"，启用总账管理、应收款管理、应付款管理、固定资产管理、薪资管理、采购管理、销售管理、库存管理、存货核算,启用日期统一为2021年1月1日。

6. 设置基础档案

以"001 李娇"的身份注册进入企业应用平台,根据实验资料"(一)-4.基础档案",依次录入部门档案、人员类别、人员档案、地区分类等基础档案信息。

7. 设置各系统参数

以"001 李娇"的身份注册进入企业应用平台,根据实验资料"(二)各模块系统参数设置",设置总账管理、固定资产管理、薪资管理、采购管理、销售管理、库存管理、存货核算、应收款管理和应付款管理各系统的参数。

8. 录入各系统的期初余额

以"001 李娇"的身份注册进入企业应用平台,根据实验资料"(三)期初余额",录入总账管理、应收款管理、应付款管理、固定资产管理、采购管理、销售管理、库存管理和存货核算各系统的期初余额。

9. 填制凭证

以"001 李娇"的身份注册进入企业应用平台,根据实验资料"(四)日常业务及期末业务",在相应模块填制相关业务单据,生成记账凭证。

10. 出纳签字

以"003 程宇"的身份注册进入企业应用平台,完成凭证的出纳签字操作。完成各模块记账、结账操作,并编制资产负债表和利润表。

11. 审核凭证和记账

以"002 刘琳"的身份注册进入企业应用平台,完成凭证的审核和记账的操作。

12. 自动转账

以"001 李娇"的身份注册进入企业应用平台,根据实验资料"(四)-27 日常业务及期末业务",利用期间损益转账定义方法实现自动结转,生成收入、支出两张凭证,并对凭证进行审核、记账的操作。

13. 期末结账

以"001 李娇"的身份注册进入企业应用平台,依次完成各系统的结账操作,结账顺序为:固定资产管理系统、薪资管理系统、销售管理系统、采购管理系统、库存管理系统、存货核算系统、应收款管理系统、应付款管理系统和总账管理系统。

14. 生成报表

以"001 李娇"的身份注册进入企业应用平台,在UFO报表管理系统中,利用报表模板编制天骄公司1月份资产负债表和利润表。

参 考 文 献

[1] 王新玲，汪刚. 会计信息系统实验教程[M]. 北京：清华大学出版社，2018.
[2] 陈福军，刘景忠. 会计电算化[M]. 大连：东北财经大学出版社，2016.
[3] 汪刚，付奎亮. 会计信息化实用教程[M]. 北京：清华大学出版社，2014.
[4] 高翠莲，安玉琴，李爱红. 会计电算化[M]. 上海：华东师范大学出版社，2014.
[5] 张瑞君. 会计信息系统[M]. 北京：高等教育出版社，2013.
[6] 毛元青，郭红. 会计信息系统[M]. 北京：科学出版社，2018.
[7] 艾文国，孙洁，张华. 会计信息系统[M]. 北京：高等教育出版社，2015.
[8] 彭飞. 会计信息系统[M]. 北京：清华大学出版社，2018.
[9] 梁丽谨，辛茂荀. 会计信息系统[M]. 北京：中国财政经济出版社，2013.
[10] 王新玲，刘春梅. 会计信息化应用教程[M]. 北京：清华大学出版社，2017.
[11] 毛华杨，陈旭. 会计电算化原理与应用[M]. 北京：清华大学出版社，2013.
[12] 万希宁，郭炜. 会计信息化[M]. 武汉：华中科技大学出版社，2008.
[13] 卢燕. 会计信息系统功能与应用[M]. 北京：经济科学出版社，2014.
[14] 王海林，吴沁红，杜长任. 会计信息系统：面向财务业务一体化[M]. 北京：电子工业出版社，2017.
[15] 万新焕. 新编会计信息化教程[M]. 北京：电子工业出版社，2018.
[16] 王新玲，汪刚，赵婷. 会计信息系统实验教程[M]. 北京：清华大学出版社，2013.
[17] 刘瑞武，詹阳，余漱峰. 会计信息系统[M]. 北京：人民邮电出版社，2018.
[18] 杨周南，赵纳晖，陈翔. 会计信息系统[M]. 大连：东北财经大学出版社，2014.
[19] 王忠孝，隋冰. 新编会计信息化[M]. 大连：大连理工大学出版社，2014.
[20] 王剑盛. 会计信息化[M]. 大连：东北财经大学出版社，2017.